앞으로 이 세상을 치유할 비비언, 줄리언, 라이더에게.
그리고 내가 내 몫을 다하도록 잘 이끌어 준 바버라에게.
– 알렉산더 코프먼

내가 그림으로 세상을 채울 수 있다는 걸 늘 믿어 준 히카르두에게.
그리고 엄마 아빠, 모든 것이 다 고맙습니다.
– 마리아나 호드리게스

지구 수족관

전 세계 15곳의 수생 생태계를 찾아서

알렉산더 코프먼 글
마리아나 호드리게스 그림
김명남 옮김

하이픈

이 책을 읽기에 앞서

기억할 수 있는 한 오래전부터, 나는 자연의 물과 물속, 물 위, 물의 주변에서 살아가는 온갖 아름다운 생물들에게 푹 빠졌어요. 네 살에 처음 물고기를 잡았고, 여섯 살에 처음 개구리 연못을 가꾸었고, 자전거 타는 법을 배우기도 전에 물범을 처음 만났지요. 하염없이 물을 바라보면서 세상에서 가장 중요한 의문 하나를 곱씹던 많은 시간이 없었다면, 나는 어떤 인생을 살았을까요? 상상도 되지 않아요. 그 의문이란 이것이었죠.

저 물속에는 무엇이 살고 있을까?

나는 운 좋게도 평생 물가에서 살았어요. 마법 같은 물의 커튼에 가려진 경이로운 세계를 접하지 못하는 사람들이 아직 많으니, 나는 정말 운이 좋아요. 물의 세계는 사실 제 비밀을 쉽게 드러내지 않아요. 우리가 시간을 들이고, 적당한 때를 맞추고, 약간의 상상력도 발휘해야만 해요. 그제서야 언뜻 텅 빈 듯한 그 공간은 꼭꼭 숨겨둔 멋진 모습을 보여 주지요. 다행히 이 책은 우리가 지구에 존재하는 물의 세계들을 알아볼 수 있도록 도와주는데, 게다가 지금은 수생 환경에 대한 관심이 절실하게 필요한 시기예요.

슬프게도 지구의 수생 환경은 역사상 어느 때보다 심각한 위기에 처해 있어요. 기후 변화, 환경 오염, 인공적으로 지어진 장벽, 인간의 지나친 물 사용, 지나친 어업 활동 때문에 물에서 사는 많은 생물종이 자칫 멸종할지도 모르는 상황이에요. 그런데 생각해 보세요. 이런 생태계를 보살피려는 마음이 들려면, 먼저 이런 생태계가 존재한다는 사실부터 알아야만 하지 않을까요?

《지구 수족관》은 우리에게 다양한 수생 생태계를 알려주고, 그곳에 대한 애정을 새롭게 불러일으켜요. 멋진 그림으로 우리를 아름다운 산호초로, 아마존강으로, 갈조류 숲으로 데려가지요. 갯벌, 하구, 습지, 맹그로브 숲처럼 상대적으로 덜 알려진 생태 환경도 여럿 알려 주어요. 모두 마땅히 수많은 야생 생물로 북적거려야 할 생태계를 지탱하는 방주이자, 그들을 길러내는 요람이랍니다.

여러분도 이 책과 함께 물의 마법을 만나보기를 바라요. 그리고 지구에게 주어진 시간이 동나기 전에 우리가 이뤄 내야 할 변화를 앞장서서 주장하는 사람이 되기를 바랍니다.

– 윌 밀러드 어부이자 탐험가이자 방송인

차례

- **2** 이 책을 읽기에 앞서
- **4** 수생 생태계의 변수
- **10** 북유럽의 바덴해
  갯벌
- **14** 태국의 팡아만
  맹그로브 숲
- **18** 캐나다의 세인트로렌스만
  강 하구
- **22** 미국의 채널제도국립공원
  갈조류 숲
- **26** 이집트의 와디엘제말
  해초지
- **30** 오스트레일리아의 그레이트배리어리프
  산호초
- **34** 미국의 체서피크만
  굴 암초
- **38** 북태평양
  대양
- **42** 남극해
  해빙
- **46** 네덜란드의 사프팅허
  염습지
- **50** 러시아의 바이칼호
  고인 민물
- **54** 남아메리카의 아마존강
  흐르는 민물
- **58** 영국의 노퍽브로즈
  습지
- **62** 에콰도르의 갈라파고스열곡
  열수 분출공
- **66** 이탈리아의 티레니아해
  심해
- **70** 찾아보기
- **72** 자료 출처

수생 생태계의 변수

물은 생명입니다

'물은 생명입니다.' 이 말은 우리에게 깨끗한 물을 공급해 주는 상수원이 오염되지 않도록 애쓰는 활동가들이 구호로 써서 널리 알려졌어요. 사람들이 사는 마을, 도시, 국가는 물가에 있는 경우가 압도적으로 많아요. 물을 활용해서 물건과 사람을 실어 나르고, 집과 공장에 에너지를 공급할 뿐 아니라 농작물도 사람도 물을 마셔야 하니까요. 노래나 시, 그림에도 물이 자주 등장해요. 심지어 우리 몸도 대부분이 물로 이뤄졌어요.

물에는 또, 생명이 살아요. 아주 많이 살아요. 과학자들은 지금까지 바다에서 사는 생물종을 23만 5,725종 넘게 알아냈어요. 하지만 실제 종 수는 이보다 훨씬, 훨씬 더 많을 것으로 예측되지요. 바다는 지구의 대부분을 덮고 있어요. 강과 개울은 우리가 사는 육지 위를 사방팔방 누벼요. 우리 주변에는 호수와 연못도 많지요. 그 속에 든 물은 까마득한 옛날에 육지를 덮고 있던 거대한 빙하가 녹은 것이에요. 이 다양한 물속 환경에 살고 있는 생물은 어찌나 다채롭고 활기찬지, 말로는 도저히 다 설명할 수 없어요. 거대한 고래가 있는가 하면, 현미경으로 봐야 하는 세균이 있죠. 푸르른 해초가 있고, 전기를 내는 물고기도 있어요.

이처럼 놀랍도록 독특한 생물이 많다는 것은, 대양처럼 방대한 환경이든 웅덩이처럼 소박한 환경이든, 수생 생태계의 화학적 성질이 무척 복잡하다는 걸 알려 줍니다. 톡 쏘는 소금기, 찍어 누르는 물의 압력, 그리고 선사 시대에서 비롯한 여러 종류의 물이 섞인 결과로 이토록 다양한 생명이 탄생했다니, 정말 감탄스럽지 않나요? 자연의 경이로움을 느끼기 위해서 굳이 저 멀리 우주를 내다볼 필요는 없을 거예요. 우리 곁의 습지, 호수, 바다만 보더라도 우리가 얼마나 작은 존재인지 깨닫고 겸손하게 되지요.

하지만 한없이 작은 존재인 우리가 요즘 이 생태계들에게 큰 영향을 미치고 있어요. 지난 백여 년 동안 현대 문명이 일으킨 오염 때문에 수생 생태계들이 크게 변했고, 그래서 자칫 수백만 년에 걸쳐 섬세하게 진화해 온 생명의 그물이 풀어져 버릴 위기예요. 그걸 막기 위해서는 우리 사람들이 삶의 방식을 바꿔야 해요. 하지만 그보다 먼저 해야 할 일이 있어요. 가까이 있지만 낯선 이 생태계들을 더 잘 이해하고 사랑하는 일이죠. 자, 그럼 그 여행을 시작해 볼까요?

염도

소금은 원래 바위 속 미네랄에서 나와요. 하지만 이 화합물은 지구의 모든 물에서 사람의 피까지 사실상 어디에나 들어 있어요. 물에 소금이 얼마나 들었나 하는 정도를 '염도'라고 해요. 과학자들은 이 염도를 기준으로 물을 크게 세 종류로 나눠요. 물은 작은 입자들이 모여서 이뤄지는데, 이때 입자를 사람이라고 생각하고 소금은 파란색 셔츠를 입은 사람이라고 생각해 보아요. 바닷물 같은 짠물은 염도가 평균 35퍼밀°이니까, 사람 1,000명 중 파란색 셔츠를 입은 사람이 35명꼴로 섞여 있다는 뜻이에요. 우리가 마시는 민물은 염도가 평균 0.5퍼밀이니까, 사람 1,000명 중 파란색 셔츠를 입은 사람이 0.5명꼴로 섞여 있다는 뜻이에요. 짠물과 민물의 중간인 기수는 염도가 0.5퍼밀에서 35퍼밀 사이예요.

지구에는 짠물이 압도적으로 많아요. 지구 표면의 70퍼센트를 바다가 덮고 있다 보니, 지구에 있는 물 중 97퍼센트가 짠물이에요. 민물은 전체의 2.5퍼센트에 불과하죠. 그중 69퍼센트는 빙하와 만년설로 얼어 있고, 30퍼센트는 지하에 있고, 1퍼센트 남짓만이 호수나 연못이나 강으로 땅 위에 있어요. 주로 민물과 짠물이 만나는 강 하구나 습지에 있는 기수는 전체의 1퍼센트가 채 되지 않아요.

지구의 모든 생명은 바다에서 시작했어요. 따라서 소금은 모든 생물에게 꼭 필요한 성분이에요. 하지만 생명이 진화하면서 점점 더 많은 물고기, 식물, 파충류가 민물 생태계에 적응하게 되었죠. 새로운 환경에 적응하는 과정에서 이들의 몸은 달라진 염도를 견딜 수 있게 되었고, 소금을 몸 밖으로 내보내거나 혹은 몸에서 소금을 잘 지키는 능력을 갖게 되었어요. 예를 들어, 민물 물고기는 몸속 염도를 유지하기 위해서 콩팥으로 여분의 물을 몸 밖으로 내보내요. 반대로, 바닷물에서 사는 물고기의 아가미에는 몸속 염도가 너무 높아질 때 소금을 몸 밖으로 내보내는 특수 효소가 있어요.

너무 높은 염도는 생물에게 치명적이에요. 이스라엘, 요르단, 팔레스타인 서안에 둘러싸인 큰 호수가 하나 있는데, 그 물의 염도는 무려 280퍼밀이에요. 호수의 이름이 뭐냐고요? '죽음의 바다', 즉 사해예요.

○ 퍼밀(‰, 천분율): 전체 양을 1,000으로 치고, 그 1,000분에 들어 있는 물질의 양을 나타내는 비율. 염도의 경우 짠물 1킬로그램에 소금이 1그램 든 것을 1퍼밀로 정의한다.

대부분의 물고기는 이 에인절피시처럼 부레를 갖고 있어요. 부레는 밀도가 다른 물을 오르내릴 수 있도록 돕는 기관이에요.

밀도

앞에서 했던 비유를 계속하자면, 물의 밀도란 많은 사람 속에서 파란색 셔츠를 입은 사람들이 서로 얼마나 가까이 있나 하는 걸 뜻해요. 염도와 온도가 밀도에 영향을 미치죠. 물이 더 따뜻하고 덜 짤수록, 밀도는 낮아져요. 물이 더 차갑고 더 짤수록, 밀도는 높아져요. 따라서 열대의 민물이 밀도가 가장 낮고, 남극해 같은 곳의 차가운 바닷물의 밀도가 가장 높죠.

하지만 온도가 낮을수록 밀도가 높아지는 것은 물이 액체로 있을 때만 적용되어요. 얼음 조각이 물에 뜨는 걸 본 적 있나요? 그건 물이 얼면 부피가 커지기 때문에 벌어지는 현상이에요. 다시 말하면, 물은 4도일 때보다 0도가 되어 얼면 밀도가 낮아져요. 이 현상은 호수와 연못의 생물들에게 특히 중요해요. 겨울에 물이 좀 얼더라도 얼음은 물보다 밀도가 작으므로, 아래로 내려가지 않고 표면에만 떠 있게 되니까요. 표면의 두터운 얼음층이 단열 효과를 내 얼음 밑의 물은 4도 정도를 유지하죠. 그 덕분에 물고기, 거북, 식물 등등 수생 생물들은 얼어 죽지 않고 봄이 올 때까지 버틸 수 있어요.

물의 밀도는 늘 조금씩 달라져요. 하지만 요즘은 지구 온난화 때문에 바닷물의 밀도가 너무 빨리, 너무 크게 바뀌고 있어요. 북극의 얼음이 너무 빨리 녹아서, 바다에 민물이 더 많이 흘러들고 있어요. 민물은 짠물의 밀도를 낮추고, 그러면 해수면이 높아져요. 해류도 바뀌죠. 현재 형성된 찬 해류와 따뜻한 해류의 균형이 깨지고, 일부 바다의 수온이 아주 빠르게 높아져요.

이 변화는 바다 생물들에게 피해를 입혀요. 대부분의 물고기는 밀도가 다른 물을 오르내릴 때 부레를 써서 부력을 조절할 수 있어요. 하지만 알이나 유생°은 부레가 없어, 물의 염도에 따라 바뀌는 밀도에 맞추어 적절하게 부력을 달리하지 못해 어떤 물고기나 바다 생물은 어린 시절에 살아남기가 더 어려워져요.

○ 유생: 곤충, 양서류처럼 변태하는 동물의 어린 형태. 다 자란 형태와 모양이 다르다.

연어는 태어난 후 몇 달은 민물에서 살다가, 이후 바다로 나가서 짠물에서 살아요. 그러다 알을 낳을 때가 되면, 다시 민물을 찾아 강을 거슬러 올라와요.

빛 침투 정도

인간과 햇빛은 공통점이 있어요. 물속으로 그다지 깊이 내려가지 못한다는 점이에요.

바다의 상층부, 즉 표면에서 수심 200미터까지를 '유광층' 또는 '투광층'이라고 불러요. 빛이 침투하는 영역이라는 뜻이지요. 햇빛이 충분히 쏟아지는 유광층에서는 식물이 광합성을 할 수 있어요. 대부분의 바닷물고기가 이 층에서 살고, 산호와 거북과 동물성 플랑크톤도 여기서 살죠.

수심 200미터에서 1,000미터까지는 깊이 내려갈수록 물속이 점점 더 컴컴해져요. 이 중간층은 빛이 희미하게 든다는 뜻에서 '박광층' 또는 '약광층'이라고 불러요. 빛이 조금 스미기는 하지만, 식물이 광합성을 하기에는 부족해요. 그래서 이곳에서 사는 물고기, 불가사리, 성게 등은 위에서 가라앉은 조류°와 식물을 먹고 살고, 이 생물들을 고래가 먹고 살아요. 이곳에 적응한 동물들은 희미한 빛이라도 받아들이기 위한 큰 눈과 먹이를 재빨리 낚아채기 위한 큰 이빨을 갖고 있는 경우가 많아요.

수심 1,000미터 아래는 '무광층' 또는 '암흑층'이라고 불러요. 시커먼 먹물 같은 어둠에 내내 잠겨 있는 영역이죠. 이곳에는 빛이 한 줄기도 스며들지 못해요.

빛이 없다고 해서 생명도 없는 건 아니에요. 캄캄한 심해에서, 어떤 생물들은 '생물 발광' 능력을 진화시켰어요. 그런 생물의 몸에는 산소와 반응하여 빛을 내는 화합물인 '루시페린'이 있지요. 생물 발광 능력이 있는 해파리, 미생물, 물고기는 짝을 찾거나 먹이를 먹을 때 스스로 빛을 내요. 캄캄한 곳에서는 식물이 자랄 수 없기 때문에, 암흑층의 동물들은 보통 육식성이에요. 하지만 먹이가 그것뿐만은 아니랍니다. 심해의 열수 분출공(▶60~63쪽)이 뿜어내는 화합물과 미네랄은 세균과 벌레에게 영양분이 되어 주어요. 또 어떤 생물들은 빛이 드는 곳으로부터 가라앉은 찌꺼기를 먹거나, 물속의 유기물 입자를 걸러 먹어요.

○ 조류(藻類): 물속에서 광합성을 하며 살아가는 하등 생물. 녹조류, 홍조류, 남조류 등이 있다.

민부리고래는 수심 3,000미터까지 잠수해요. 그러면 해수면에서 받는 압력의 100배를 받게 되지요. 고래는 압력이 높아지면 폐를 아예 완전히 짜부라뜨림으로써 폐 속 공기가 일으키는 문제를 예방하도록 진화했어요.

해류

물이 일으키는 움직임으로 파도만 있는 것은 아니에요. 해류도 있어요. 마치 고속도로처럼 해류는 물과 그 속에 담긴 동물들, 영양분을 멀리 수천 킬로미터 밖까지 빠르게 실어 날라요.

해류는 바닷물이 거의 일정한 속도로, 일정한 방향으로, 오랜 기간 안정되게 움직이는 것을 말해요. 바닷물은 해수면 위에서 부는 바람에 밀려 움직이기도 하고, 물의 밀도가 서로 다른 지점들 사이에서 밀도 차 때문에 흐르기도 해요. 해류 덕분에 전 세계의 바닷물이 뒤섞여서, 지구가 받는 열이 골고루 전달되지요. 그래서 해류는 바다의 동맥이나 마찬가지예요.

래브라도 해류를 예로 들어 볼까요? 이 해류는 그린란드에서 녹은 물에서 시작되어요. 빙하가 녹은 찬물은 밀도가 높으니 바다 바닥으로 가라앉고, 심층에서 남쪽으로 내려가요. 한편 멕시코만의 따뜻한 물은 밀도가 낮으니 바다 표면에서 북쪽으로 올라와요. 이 해류를 멕시코 만류라고 불러요. 두 해류가 컨베이어 벨트처럼 고리를 이루는 거예요. 그 덕분에 바닷물이 순환하는 것이 대서양의 기후와 생태계에 아주 중요하기 때문에, 이 상호 작용을 '대서양의 심장 박동'이라고 일컫기도 해요.

문제는 기후 변화로 이 심장 박동이 불규칙해지고 있다는 것이에요. 지구 온난화로 그린란드의 얼음이 더 많이 녹고 있는데, 그러면 극지방 바닷물의 염도가 낮아지고, 그러면 밀도도 낮아져요. 밀도 높은 물이 이루는 래브라도 해류가 약해지는 거예요. 그러면 맞물려서 순환하는 멕시코 만류도 약해져서, 바닷물이 정체되어요. 이것은 지난 수백만 년 동안 지금과 비슷한 조건에서 발달해 온 생태계들에게 큰 타격이 될 수 있어요. 고래, 상어, 거북처럼 해류에 의지하여 매년 번식할 곳과 먹이를 구할 곳을 찾는 동물들도 타격을 받겠지요.

압력

우리는 늘 공기가 누르는 압력을 받으며 살아요. 우리가 해수면 높이에 있을 때 받는 대기압이 1기압인데, 이때 우리 몸속 액체도 거의 같은 힘으로 밖으로 밀어내기 때문에 두 압력이 평형을 이뤄요.

하지만 바닷속으로 들어가면 사정이 달라져요. 물은 무게로 인한 압력, 즉 '수압'을 물속의 물체에게 가하죠. 물속으로 깊이 내려갈수록 수압은 더 커져요. 우리가 물속 깊이 들어갔을 때 고막이 먹먹한 것은 수압이 커졌기 때문이에요.

수압은 수심 10미터를 내려갈 때마다 약 1기압씩 높아져요. 그런데 인간은 급격한 압력 변화에 잘 대처하지 못한답니다. 다이버가 너무 깊이 내려갔다가 너무 빨리 수면으로 올라오면 '잠수병'이라고도 하는 감압증을 겪을 수 있어요. 이것은 급격한 압력 변화 때문에 몸속 질소가 기포를 형성하여 관절과 뼈에 심한 통증을 일으키는 증상이에요. 수심 200미터 아래로 스쿠버다이빙하는 것을 '울트라딥' 다이빙이라고 부르죠. 현재 인간의 울트라딥 세계 최고 기록은 322미터가 조금 넘는 수준이에요. 하지만 다른 동물들은 급격한 압력 변화를 견디도록 진화한 경우가 많답니다.

고래가 좋은 예예요. 고래는 깊이 잠수할 때 폐를 아예 찌그러뜨려 닫아 버려요. 한편 사람의 몸이라면 짜부라지고 말 정도로 압력이 높은 심해에서 사는 물고기들의 몸에는 '파이졸라이트'라는 유기 물질이 들어 있어요. 과학자들이 최근에서야 발견한 이 물질은 물고기의 세포막과 단백질 등이 압력에 찌그러지는 걸 막아 준다고 해요. 바닷물고기에게서 특유의 비린내가 나는 것도 이 물질의 분자 때문이에요.

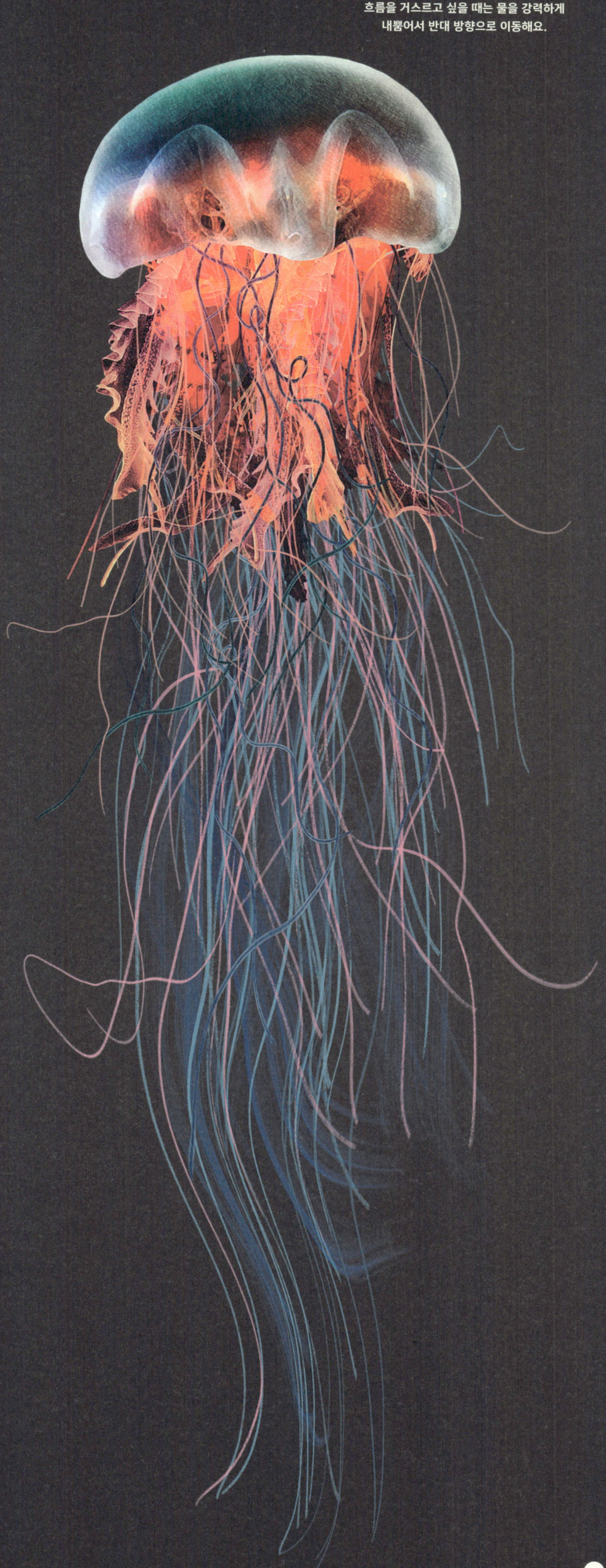

해파리는 해류에 몸을 맡기고 떠다니다가, 흐름을 거스르고 싶을 때는 물을 강력하게 내뿜어서 반대 방향으로 이동해요.

파도

연못은 가끔 잔잔할 때가 있지만, 넓은 바다와 큰 호수는 한순간도 고요하지 않아요. 쉼 없이 파도가 일죠. 지진이나 해저 화산 분출과 같은 큰 사건이 발생하면, 그 충격파가 물을 세차게 밀어내어 '쓰나미' 또는 '지진 해일'이라고 불리는 거대한 파도를 일으켜요. 하지만 그보다 작은 파도는 대부분 바람이 일으켜요. 움직이는 공기가 물 표면과 마찰해서 물결이 생기는 거예요. (밀물과 썰물이 드나들 때도 물결이 생기지만, 그것은 태양과 달이 지구를 잡아당기는 중력 때문에 물이 움직이는 것이라 파도가 아니라 '조수'라고 불러요.)

해안 생태계는 파도의 영향으로 독특한 특징을 갖게 되었어요. 물이 빠졌다 들어왔다 하는 웅덩이에서 사는 생물들은 철썩철썩 때리는 파도를 견디도록 적응했지요. 삿갓조개는 야무진 발로 바위에 들러붙고, 홍합과 따개비는 거센 파도에도 떨어져 나가지 않도록 해 주는 접착제 같은 물질을 분비해요.

하지만 앞으로는 아무리 건강한 해안 생태계라도 버티기 어려운 상황이 올지도 몰라요. 기후 변화로 파도가 점점 더 높고 거세진다는 연구 결과가 있어요. 과학자들의 예측에 따르면, 만약 우리가 이 문제를 그냥 놔둔다면 인간이 일으키는 지구 온난화 탓에 전 세계 해안 서식지의 50퍼센트에서 파도의 양상이 크게 달라질 거예요.

한편 파도는 기후 변화에 대처하는 데 도움을 줄 수도 있어요. 우리가 전기를 생산하려고 태우는 석탄, 석유, 천연가스는 기후 변화를 일으키는 온실가스를 가장 많이 배출하는 산업 부문이에요. 요즘은 많은 나라와 기업이 그 대신 태양광 패널이나 풍력 발전기를 세워서 태양과 바람의 에너지를 활용하기 시작했는데, 한쪽에서는 바다에 파도가 칠 때 물이 위아래로 움직이는 것을 전기 에너지로 변환시키는 파력 발전을 시도하고 있어요. 이것은 밀물과 썰물 때의 높이 차에서 에너지를 얻는 조수 에너지와는 달라요. 현재 중국, 프랑스, 러시아, 한국에 파도 에너지를 전기로 바꾸는 파력 발전소가 있어요.

산성화

1700년대에 유럽과 북아메리카에 살던 사람들은 석탄을 어마어마하게 많이 태워서 전기를 생산하고 공장을 돌리기 시작했어요. 1900년대에 와서는 석유와 천연가스도 연료로 쓰게 되었죠. 인류는 이런 화석 연료에서 얻은 에너지 덕분에 많은 발전을 이뤘어요. 하지만 문제도 생겼어요. 대기에 이산화탄소가 쌓였거든요. 담요처럼 지구를 덮은 이산화탄소는 태양에서 온 열이 빠져나가는 것을 막아 지구 온도를 높여요. 산업 혁명 이전에 대기 중 이산화탄소 농도는 280피피엠° 정도였지만 산업 혁명 이후 400피피엠 수준까지 치솟았어요. 인류 역사상 지구의 대기에 이산화탄소가 지금보다 많았던 때가 없어요.

문제는 대기만이 아니에요. 인간이 배출하는 이산화탄소의 약 3분의 1은 바다가 흡수해요. 흡수된 이산화탄소는 바닷물을 산성화시키죠. 현재 해양의 산성도는 산업 혁명 이전보다 최소 25퍼센트가 더 높아요.

처음에 과학자들은 해양 산성화를 크게 걱정하지 않았어요. 강에서 바다로 흘러드는 화합물과 미네랄이 바다의 산성도를 낮추리라고 생각했지요. 하지만 인간이 배출하는 이산화탄소의 양이 워낙 많다 보니, 자연의 처리 능력이 한계를 넘었어요.

이것은 해양 생물들이 맞닥뜨린 역사상 최대 위기일지도 몰라요. 바닷물이 산성화하면, 플랑크톤과 조개 등이 죽어요. 산호에 붙어 살던 조류도 죽어서 산호가 허옇게 변하는 '백화' 현상이 일어나고, 그러면 산호도 죽지요. 그렇게 먹이 사슬이 망가지면, 고래와 물고기도 살기 어려워져요. 고대의 암석을 연구하는 과학자들에 따르면, 지금으로부터 2억 5,000만 년 전에 해양 산성도가 현재와 비슷했대요. 그래서 '대멸종' 사태가 발생해, 전체 해양 생물종의 90퍼센트가 사라졌대요.

○ 피피엠(ppm, 100만분의 1): 기체나 액체의 농도 단위. 공기 오염의 경우, 대기 1,000리터 중 물질이 1cc 든 것이 1피피엠이다.

조수와 산소 농도

달의 중력은 매 순간 지구에 영향을 미쳐서, 달에서 가장 가까운 지역과 가장 먼 지역의 물이 부풀어 오르게 만들어요. 바다에 주기적으로 밀물과 썰물이 일어나는 게 이 때문이에요. 그런데 지구적 규모로 벌어지는 이 현상은 작은 규모의 생태계에도 수시로 극적이고 중요한 변화를 일으킵니다.

갯벌이나 해안 습지에서 살아가는 생물을 떠올려 볼까요. 밀물 때 갯벌이나 해안 습지는 바닷물에 잠기지만 썰물 때는 얕은 물이 괸 웅덩이가 되어요. 낮에는 웅덩이에 해가 내리쬘 테니, 어쩌다 그 속에 갇힌 고둥과 새우와 작은 물고기는 사냥에 나선 포식자도 피하고 점점 더워지는 물을 견디면서 버텨야 해요. 게다가 점점 낮아지는 산소 농도도 견뎌야 해요. 호흡을 하느라 물속에 녹아 있던 산소를 거의 다 마셔 버리게 되니까요.

하지만 바닷물이 다시 밀려오면, 사정이 완전히 달라져요. 신선한 바닷물이 웅덩이에 들이쳐 산소가 풍부한 물이 채워지지요.

한편 늪이나 연못에 산소가 채워지는 방법은 이것과는 달라요. 이처럼 물의 흐름이 적은 곳에서는 조류와 식물이 뿌리를 내리고 안정적으로 자랄 수 있어요. 따라서 늪이나 연못에는 조류와 식물이 생산한 산소가 물에 녹아서, 물고기처럼 아가미로 호흡하는 생물들이 산소를 마실 수 있지요.

하지만 두 가지 방식 모두가 지구 온난화로 위기에 처했어요. 민물 호수와 연못은 수온이 높아져 산소가 부족해질 수 있고, 조류도 햇빛을 충분히 받지 못해 제대로 자랄 수 없어요. 바다에서는 해류가 약해져 바닷물이 잘 순환하지 못해 바다에 산소가 부족해지는 '탈산소화'가 일어나요. 지난 50년 동안 바닷물의 산소 농도는 평균 2퍼센트가 낮아졌어요.

삿갓조개는 두껍고 튼튼한 껍데기 덕분에 파도의 충격을 버텨 내요.

바덴해

시원하고 상쾌한 아침, 여러분은 모래밭에 서 있어요. 한 발을 들어, 고운 갈색 진흙을 철버덕 디뎌 보아요. 바닷물이 빠져나간 자리에 진흙 갯벌이 까마득히 멀리 펼쳐져 있어요.

이곳은 세계에서 가장 넓은 갯벌 습지 생태계인 바덴해예요. 갯벌은 바닷물에 잠겼다 드러났다 하는 지역을 말하는데, 주로 모래나 진흙으로 이루어져 있어요. 네덜란드와 독일 북동쪽 해안에서 덴마크 남서쪽 해안까지 약 1만 5,000제곱킬로미터를 아우르는 바덴해는 지금으로부터 8천 년 전에 생겨났어요. 지구의 대부분을 덮고 있던 빙하가 녹으면서 바다가 생겨나기 시작했는데, 8천 년 전부터 빙하가 녹는 속도가 느려졌기 때문에 바덴해가 오늘날의 모습으로 안정되었지요. 하지만 바덴해는 지금도 매일 바닷물이 들고나면서 변

화하고 있어요. 그 때문에 유럽에서도 손꼽히는 생명 다양성을 자랑하는 생태계가 형성되었지요.

바덴해 바깥쪽이야 언제나 바닷물이 가득 찬 바다이지만, 육지와 가까운 중간 지대, 갯벌은 바덴해 전체 넓이의 40퍼센트쯤 되는데 12시간마다 바닷물이 빠져나가요. 그러면 벌레와 조개가 가득한 바닥이 드러나고, 바덴해에서 살아가는 새들이 만찬을 즐길 수 있어요.

고개를 들어 하늘을 보세요. 온갖 종류의 새들이 날고 있어요. 갯벌에서는 갈매기 한 마리가 춤이라도 추듯 움찔움찔하고 있네요. 사실 그건 춤이 아니에요. 갈매기는 발로 바닥을 꾹꾹 눌러 숨어 있던 조개를 끌어 올리는 거예요. 일찍 일어나는 새가 조개를 잡는 법이지요.

이 바덴해가 어려움에 처했어요. 지구가 우리 인간 때문에 너무 빠르게 변하고 있어서예요. 석유 등 화석 연료를 태울 때 나오는 배출 가스가 지구의 온도를 높여서 극지방의 빙하가 녹아 바다의 해수면이 높아지고 있어요. 수십 년이 지나면, 바덴해에서 바닷물이 빠지는 영역이 점점 줄다 결국 거의 사라지고 말겠지요.

해수면이 높아지는 것만 문제가 아니에요. 바다의 밑바닥도 가라앉고 있어요. 바덴해에서 천연가스를 캐는 회사들이 주원인이에요. 바다 밑바닥을 파서 지하에 묻힌 천연가스를 뽑아내면, 밑바닥이 점점 가라앉거든요. 과학자들은 바덴해에서 사는 동식물들의 미래를 걱정하고 있어요.

1. 닐손실고기
싱그나투스 로스텔라투스
Syngnathus rostellatus

언뜻 보면 벌레처럼 생긴 가느다란 닐손실고기는 환경에 잘 적응한 생존자예요. 수컷이 육아낭에서 알을 품어, 새끼가 부화하면 육아낭 밖으로 내보내죠. 새끼들은 뾰족하고 딱딱한 주둥이로 갯벌에 있는 조개와 갑각류 유생을 빨아들여 먹어요.

2. 털다발풀게
헤미그랍수스 타카노이 *Hemigrapsus takanoi*

털다발풀게는 원래 바덴해에서 살진 않았어요. 2000년대 초에 처음 바덴해에 나타났어요. 일본과 중국의 항구에서 배 밑에 붙어 유럽까지 건너온 거예요. 이 게는 게걸스러운 잡식 동물이에요. 입에 들어갈 만한 먹이라면 뭐든 가리지 않고 먹거든요. '아시아풀게' 라고도 해요.

3. 뒷부리장다리물떼새
레쿠르비로스트라 아보세타
Recurvirostra avosetta

뒷부리장다리물떼새는 바덴해에 들르는 수십 종의 철새 중 하나예요. 철새들은 바덴해에 와서 짝짓기를 하고, 알을 낳고, 먹이를 먹지요. 길고 호리호리한 다리 덕분에, 뒷부리장다리물떼새는 헤엄을 치지 않고도 얕은 물을 헤치고 다니며 사냥할 수 있어요.

4. 점박이물범
포카 비툴리나 *Phoca vitulina*

점박이물범과 그보다 더 덩치가 큰 친척인 회색물범은 바덴해에 뜨문뜨문 펼쳐진 모래톱에 와서 새끼를 낳고, 휴식을 취하고, 털갈이를 해요. 사람들이 이 물범을 너무 많이 잡는 바람에 거의 멸종할 뻔했지만, 사냥이 금지된 뒤로 수가 다시 늘어났어요.

갯벌에서 사는 생물종

독특한 생태계

바덴해 면적의 약 40퍼센트가 갯벌이에요. 바닷물이 차오른 밀물 때에 갯벌은 바다가 되지요. 하지만 썰물로 바닷물이 빠지면, 질척한 뻘 밭이 탁 트여요. 장다리물떼새나 저어새 같은 새들이 그곳에서 맘껏 먹이를 잡지요. 바덴해 어느 지점에서는 불과 25분 만에 바닷물이 싹 빠진답니다.

5. 노랑부리저어새
플라탈레아 레우코로디아
Platalea leucorodia

이 저어새뿐 아니라 장다리물떼새, 큰부리제비갈매기 등 수십 종의 철새가 바덴해에 들러서 짝짓기를 하고, 알을 낳고, 배를 채워요. 어떤 갈매기들은 갯벌을 발로 자근자근 밟아서 갯벌 속 조개를 끌어내어 잡아먹어요.

6. 바다고둥
히드로비아 울바이
Hydrobia ulvae

이 고둥은 파래 속에 곧잘 몸을 숨겨요. 이 고둥의 학명 속 '울바이'는 파래의 학명 '울바 락투카'에서 온 거예요. 더 놀라운 특징은 몸에서 나온 점액을 타고 물 위를 떠다닐 수 있다는 거지요.

7. 유럽가자미
플라틱티스 플레수스
Platichthys flesus

가자미는 짠물에서도, 민물에서도, 짠물과 민물이 섞인 기수에서도 살 수 있어요. 납작한 몸을 바닥에 붙이고 살아가는데, 연안의 얕은 바다에 알을 낳는 걸 좋아해요. 얕은 바닷물은 민물보다 산소가 풍부하고, 깊은 바닷물보다 포식자가 적으니까요.

8. 짧은뿔꺽정이
미옥소케팔루스 스코르피우스
Myoxocephalus scorpius

짧은뿔꺽정이는 바다 바닥에 붙어서 사는 '저서어'인데, 바닥에 붙어 있으면 알아보기 힘들어요. 얼룩덜룩한 갈색 반점 때문에 감쪽같이 돌투성이 진흙 바닥처럼 보여요. 진흙 바닥인 척 가만히 있다가 잽싸게 사냥에 나서 다른 물고기나 갑각류를 잡아먹어요.

9. 갯지렁이
아레니콜라 마리나
Arenicola marina

바닷물이 빠진 갯벌을 보면, 꼭 작은 개똥처럼 생긴 흙덩어리가 여기저기 있어요. 갯지렁이가 땅을 파고들며 남긴 모래 더미예요. 먹이를 찾는 새나 미끼를 찾는 어부가 파내야 갯지렁이를 직접 보겠지만 흙더미를 보면 그 속에 갯지렁이가 있다는 걸 알 수 있지요.

물을 걸러 먹는 생물, 여과 섭식자

바닷물이 고인 웅덩이에 다닥다닥 붙어서 사는 홍합과 새조개 등은 물을 빨아들인 뒤 물에 담긴 영양분만 걸러서 먹고, 모래와 흙은 도로 뱉어요. 뱉어 낸 흙이 조개들 곁에 차곡차곡 쌓이면, 다른 생물들이 그곳에 와서 살 수 있지요. 이렇게 물을 걸러 먹는 생물들을 여과 섭식자라고 해요. 갯벌의 환경을 건강하게 만드는 데 큰 역할을 하지요.

팡아만

카약을 열심히 저어서 태국의 팡아만 맹그로브 숲 가장자리에 다다랐을 무렵, 여러분의 몸은 열대 동남아시아의 더위와 습기로 땀범벅이 되었을 거예요.. 하지만 눈앞에 펼쳐진 풍경을 보면 티셔츠가 몸에 달라붙은 것도 잊어버릴 걸요!

구경할 것이 많아요. 석회암 절벽 사이로 흘러온 강물은 팡아만에서 말라카 해협의 바닷물과 만나요. 청록색 물에는 드문드문 석회암 섬이 솟아 있어요. 머리 위에는 짙푸른 나뭇잎이 울창하고, 새와 파충류와 곤충이 가지에서 가지로 잽싸게 오가요. 아래쪽에는 더 놀라운 광경이 있어요. 나무뿌리들이 마치 거대한 광주리처럼 얼기

설기 엮여 있는 거예요!
　바로 그 뿌리 때문에 맹그로브가 특별해요. 맹그로브 나무들의 뒤엉킨 뿌리는 팡아만으로 흘러드는 강물과 바닷물이 섞인 탁한 청록색 물에 잠겨서 살아가요. 이 뿌리가 이곳 생태계를 지탱하고, 물속 수생 생물들의 터전이 되어 주지요.
　하지만 보전 지역으로 보호받는 태국의 이 생태계도 위험에 처해어요. 사람들이 조각 재료와 땔감으로 쓰려고 맹그로브 나무를 베요. 게다가 우리가 갈수록 해산물을 많이 먹기 때문에, 맹그로브 숲을 베고 그 자리에 새우 양식장을 만드는 사람들도 있어요.
　무엇보다 이 숲이 맞닥뜨린 가장 큰 위험은 지구 온난화로 인한 해수면 상승이에요. 맹그로브 뿌리는 원래 물에 잠긴 채 살아가지만, 그래도 해수면이 너무 빠르게 상승한다면 나무가 죽을 수 있어요. 짠 바닷물이
더 많이 차오르면, 짠물과 민물의 균형도 깨질 거예요. 그러면 맹그로브 나무가 살아가기 힘들 테고, 이 독특한 서식지에서 살아가도록 진화한 다른 생물들도 살아남기 어려울 거예요.

1. 흰날개해오라기
아르데올라 바쿠스
Ardeola bacchus

흰날개해오라기는 적갈색 머리에 청회색 등판이 특징인데 날개와 배는 흰색이에요. 노란색 부리 끝은 까맣지요. 여섯 종의 흰날개해오라기 중 하나로, 친척 종들과도 잘 지내요. 다른 종들과 함께 집단 서식지에서 무리 지어 새끼를 기르곤 하지요.

2. 붉은퉁돔
루티아누스 아르겐티마쿨라투스
Lutjanus argentimaculatus

'맹그로브잭'이라고도 불리는 이 물고기는 날쌔고 영리한 육식 동물이에요. 맹그로브 뿌리 근처에 숨어서 먹잇감을 기다리다가, 적당한 표적을 발견하면 쏜살같이 튀어 나가 사냥을 하지요.

3. 잔물결수정고둥
라이비스트롬부스 카나리움
Laevistrombus canarium

태국 등 동남아시아 전체에서 흔히 발견되는 바다에서 사는 고둥이에요. 이 고둥은 바다 바닥에서 조류를 뜯어 먹고 사는데, 가끔은 모래까지 빨아들여 모래알에 붙은 조류와 세균을 훑어 먹어요.

4. 맹그로브뱀
보이가 덴드로필라
Boiga dendrophila

이 뱀을 낮에 본다면, 나뭇가지에 가만히 늘어진 까만 덩굴로 착각할지도 몰라요. 밤이 되면, 이 뱀은 나무에서 내려와 맹그로브 뿌리 사이를 기어다니는 쥐, 개구리, 물고기, 곤충을 잡아먹어요. 최대 2.5미터까지 자라는 이 뱀은 헤엄도 아주 잘 친답니다.

5. 꼬마오징어
이디오세피우스 타일란디쿠스
Idiosepius thailandicus

몸길이가 겨우 몇 밀리미터인 꼬마오징어는 세상에서 가장 작은 두족류°로 알려져 있어요. 암컷은 외투막, 즉 다리를 제외한 몸통의 길이가 10밀리미터 안쪽이고, 수컷은 몸 전체가 7밀리미터를 넘지 않아요. 이 자그만 점박이 오징어는 포식자를 피하려 맹그로브 뿌리 틈에 알을 낳아요.

○ 두족류: 문어나 오징어 등 머리 밑에 바로 발이 붙어 있는 연체동물

맹그로브 숲에서 사는 생물종

소중한 맹그로브 숲

맹그로브 숲은 스무 가지 이상의 나무들이 함께 이루는 숲이에요. 여러 나무가 뒤엉킨 물속의 뿌리는 갑각류와 물고기에게 깃들 집과 숨을 곳이 되어 주고, 나뭇가지는 새들에게 쉴 곳이 되어 주죠. 나무들은 이 중요한 생태계를 떠받치는 버팀목이에요.

6. 북부강거북
바타구르 바스카
Batagur baska

북부강거북은 각진 등껍데기가 특징이에요. 머리는 갈색, 목은 진분홍색과 오렌지색이 섞여 있지요. 사람들이 이 거북의 고기를 노리고 사냥을 많이 해, 지금은 심각한 멸종 위기에 처했어요.

7. 갈색날개호반새
펠라르곱시스 아마우롭테라
Pelargopsis amauroptera

갈색날개호반새는 갈색 날개에, 파랑 꼬리와 겨자색 머리가 돋보이는 멋진 새예요. 뾰족한 다홍색의 부리는 아주 강력해서 물고기와 게를 우적우적 씹어 먹는답니다.

8. 태국병정게
믹티리스 타일란덴시스
Mictyris thailandensis

동남아시아에 사는 여러 종의 병정게들은 떼 지어 다니는데, 이 게는 독특하게 혼자 다녀요. 평소에는 땅속에 머무르다가, 썰물로 물이 빠질 때만 밖으로 나와요. 특히 맑은 날에는 혼자서 실컷 해를 쬐다가 다시 드릴처럼 모래 속으로 파고들어요.

9. 검은무늬가시복
디오돈 리투로수스
Diodon liturosus

검은무늬가시복은 위험에 처하면 물을 들이켜서 몸을 빵빵하게 부풀려요. 그러면 뾰족뾰족 가시가 솟은 공처럼 보인답니다. 이 가시복에게는 방어 수단이 하나 더 있어요. 살에 독이 있답니다!

10. 맹그로브뿔소라
키코레우스 카푸키누스
Chicoreus capucinus

맹그로브뿔소라에게 맹그로브 뿌리는 먹을 것이 잔뜩 널린 뷔페나 마찬가지예요. 이 커다란 소라는 맹그로브 뿌리에 사는 따개비, 조개, 홍합 등을 게걸스레 먹어 치우죠. 산성 물질을 분비해 갑각류의 껍데기에 구멍을 낸 뒤 속에 든 부드러운 살을 빨아 먹어요.

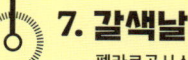

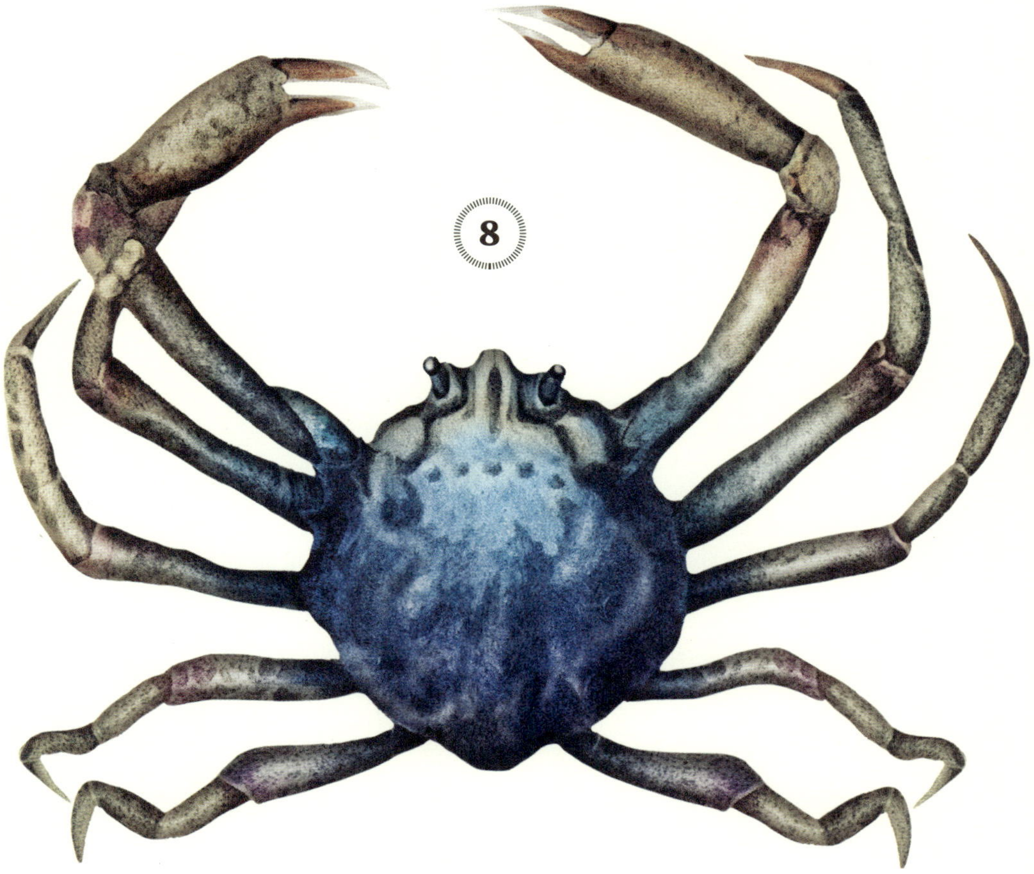

세인트로렌스만

북아메리카의 오대호에서 시작한 세인트로렌스강은 북동쪽으로 흘러가요.

이 강은 캐나다의 몬트리올, 퀘벡 같은 도시를 지난 뒤, 강폭이 넓어져 세인트로렌스만의 찬 바닷물과 만나요. 북극에서 내려온 차디찬 해류가 지나가는 길목인 세인트로렌스만은 바다가 육지로 쑥 들어간 내해예요. 넓이가 22만 6,000제곱킬로미터로, 강과 바다가 만나는 하구 중 세계에서 가장 넓지요. 하구를 둘러싼 절벽에는 소나무가 자라고, 차고 푸른 바다에는 울퉁불퉁한 바위섬들이 솟아 있어요. 물속에는 작은 은색 물고기부터 지구에서 가장 큰 포유류인 흰긴수염고래까지, 크고 작은 생물들이 북적이는 거대한 생태계가 있어요. 여러 종류의 고래들이 사시사철 이곳을 찾아와서는 강이 좁아지는 지점인 푸앵트데몽까지 거슬러 올라가요. 강폭이 좁아 빠르게 흐

르는 물살 덕분에 크릴과 열빙어가 풍부하거든요. 굶주린 수염고래가 수염으로 걸러 먹기에 딱 좋은 먹이들이죠.

 인간도 수천 년 전부터 이곳에서 살았어요. 원주민 이로쿼이 족은 1500년대에 유럽인이 건너오기 한참 전부터 하구 해안에 자리 잡고 살았어요. 1534년에 프랑스 탐험가 자크 카르티에가 원주민들의 도움을 얻어서 하구와 강을 처음 지도로 작성하고, 일대를 프랑스 땅으로 선언했지요. 이후 수백 년 동안 처음에는 프랑스인이, 다음에는 영국인이 강가에 도시를 지었어요.

 1800년대에 하구는 북아메리카 목재 무역의 주된 운송로가 되었어요. 오늘날 세인트로렌스강을 중심으로 한 운하에서 화물선들이 매년 1억 4,000만 톤이 넘는 목재를 싣고 오간답니다. 만약 이 지역이 독립된 나라라면, 매년 6조 달러 약 7,700조 원이 넘는 경제 활동을 자랑하는 세계 제3위 경제 대국이었을 거예요.

 경제적 성공에는 대가가 따랐어요. 강을 따라 번성한 산업 활동의 결과에 따른 오염 때문에 많은 문제가 생겼어요. 흰돌고래의 몸에 독성 물질이 축적되어, 돌고래가 암에 걸리고 배 속의 새끼도 피해를 입어요. 하지만 이곳의 생명 다양성을 위협하는 더 큰 문제는 기후 변화예요. 북극의 얼음이 녹자, 그린란드에서 남쪽으로 내려오는 래브라도 해류가 약해지고 있어요. 찬물이 적게 흘러드니, 남쪽에서 올라오는 따뜻한 멕시코 만류가 만의 온도를 높이고 산소 부족을 일으켜요. 과학자들은 작은 물고기들이 먼저 죽고 그 때문에 먹이가 없어진 고래들이 죽는 도미노 효과가 일어날까 봐 걱정하고 있어요.

1. 큰가시고기
가스테로스테우스 아쿨레아투스
Gasterosteus aculeatus

이름처럼 등지느러미 앞에 뾰족한 가시가 세 개 난 은색 물고기예요. 몸길이는 5센티미터쯤 되지요. 수컷은 번식기에 배가 빨개져요. 물의 염도가 변해도 잘 견디는 강인한 물고기여서, 민물과 짠물이 섞이는 하구에 적응하여 살아가요.

2. 흰머리수리
할리아이에투스 레우코케팔루스
Haliaeetus leucocephalus

흰머리수리는 하구의 차가운 물 위를 맴도는 무시무시한 사냥꾼이에요. 두 날개를 활짝 펴면 2미터가 넘지요. 네 발가락에 면도날처럼 날카로운 발톱이 달려 있고, 밑면에는 작은 혹 같은 돌기가 오톨도톨 나 있어서, 꿈틀거리는 물고기를 꽉 움켜쥐고 날 수 있어요.

3. 펌프킨시드
레포미스 기보수스
Lepomis gibbosus

북아메리카에서 가장 흔한 검정우럭과 물고기랍니다. 초록 바탕에 갈색 점무늬가 꼭 호박씨처럼 생겼다고 펌프킨시드라고 불리죠. 사람들에게 친근한 물고기라서, 민물농어, 펑키, 서니, 키버 등등 별명도 수두룩해요.

4. 검은제비갈매기
클리도니아스 니게르
Chlidonias niger

검은제비갈매기는 계절에 따라 식단을 바꾸어요. 짝짓기 철인 봄에는 번식지에 머물면서 곤충이나 작은 갑각류를 즐겨 먹어요. 이동하는 계절인 겨울에는 물 위를 날다가 휙 하고 내리 덮쳐서 작은 물고기를 잡아먹어요.

5. 블랜딩거북
에미도이데아 블란딩기이
Emydoidea blandingii

블랜딩거북은 어릴 때는 얕은 물가에만 머물러요. 다섯 살은 되어야 등껍데기가 완전히 단단해지죠. 수컷은 열두 살 무렵 성적으로 성숙하지만, 암컷은 보통 열여덟 살은 되어야 새끼를 낳아요. 이 거북은 수명이 아주 길어, 야생에서 70년 넘게 살 수 있어요.

강 하구에서 사는 생물종

6. 작은입배스
미크롭테루스 돌로미에우
Micropterus dolomieu

작은입배스는 수컷이 새끼를 돌봐요. 번식기에 암컷은 수컷 여러 마리와 짝짓기 하여 알을 낳지만, 수컷이 남아서 알을 지키죠. 알에서 새끼가 부화하기까지는 일주일이 걸려요. 부화한 이후에도 수컷은 새끼들 곁에 머무르며 스스로 살아갈 수 있을 때까지 돌봐요.

7. 흰돌고래
델피납테루스 레우카스
Delphinapterus leucas

흔히 '벨루가'라고 불리는 흰돌고래는 세인트로렌스강 하구의 대표적인 동물이에요. 희고 길쭉한 몸이 수면에 있으면 쉽게 눈에 띄어요. 흰돌고래의 둥근 머리에는 '멜론'이라는 지방 주머니가 있어요. 돌고래는 이 멜론으로 초음파를 내고 돌아오는 메아리를 통해 상대와 자기 위치를 감지해 방향을 잡고 먹이도 찾아내지요.

8. 긴코가아
레피소스테우스 오세우스
Lepisosteus osseus

아주 오래전 모습의 원시적 물고기인 긴코가아는 날씬하게 생긴 몸 덕분에 사냥 솜씨가 좋아요. 작은 물고기를 많이 잡아먹는 먹성 좋은 긴코가아는 작은 물고기 수를 조절하는 포식자로 생태계에서 중요한 역할을 해요. 물론 종종 인간에게 잡아먹히지만요.

9. 두건물범
키스토포라 크리스타타
Cystophora cristata

두건물범은 몸집이 크고 토실토실한 포유류예요. 수컷에게는 짝을 꾀거나 위협을 가할 때 쓰는 코주머니가 있어요. 코주머니는 보통 입 위로 축 늘어져 있지만, 공기가 들어가 부풀면 마치 붉은 풍선처럼 보인답니다.

앙티코스티섬의 난파선

세인트로렌스만 한가운데에는 넓이 약 8,000제곱킬로미터의 앙티코스티섬이 있어요. 숲으로 뒤덮인 섬의 해변에는 난파선이 400척쯤 뜨문뜨문 버려져 있지요. 섬 주변의 위험한 해안을 항해하다 좌초한 배들이에요. 버려져 녹슬어 가는 배는 새들이 둥지로 삼기에 안성맞춤이라, 지금은 난파선마다 새들이 무리 지어 살고 있어요.

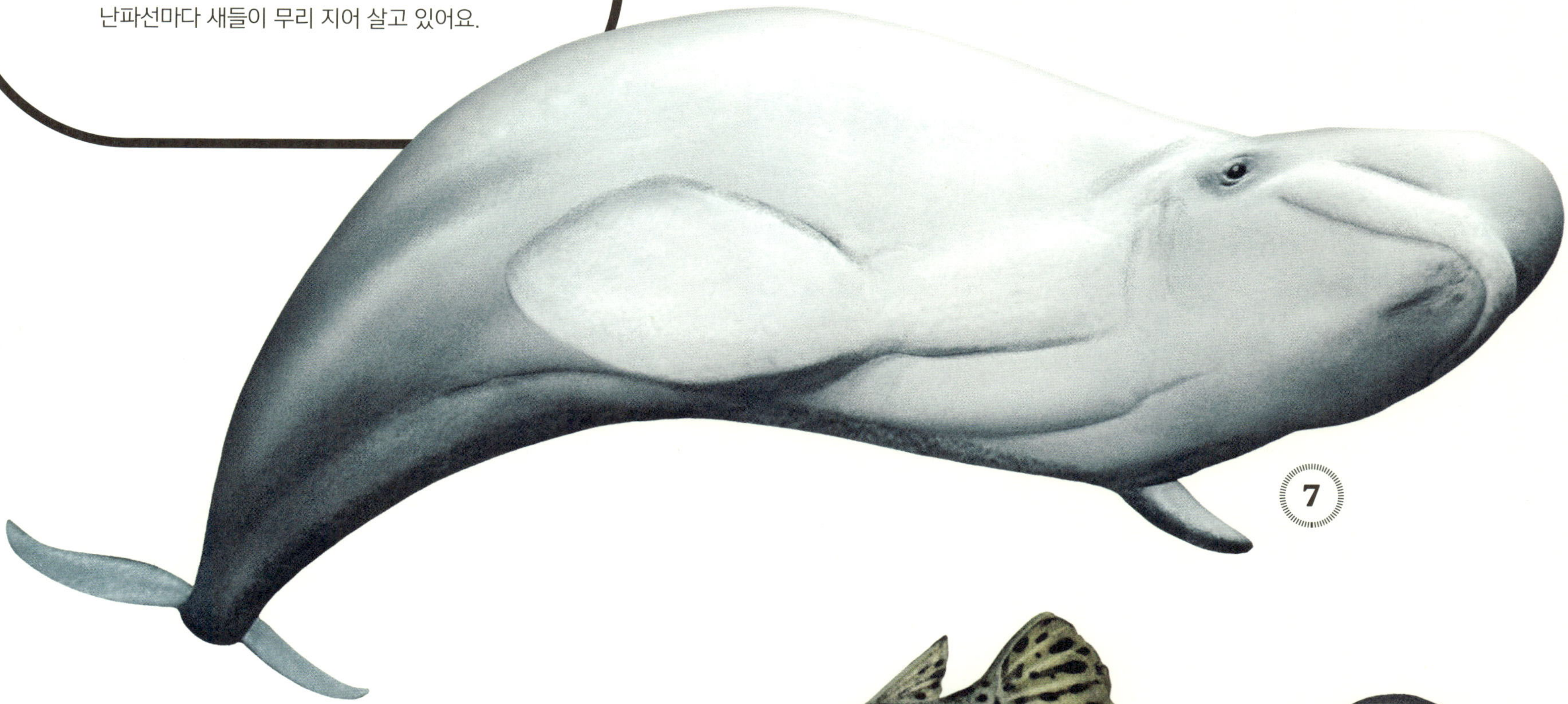

채널제도 국립공원

스쿠버 마스크 주위에 기포가 보글보글 올라와요. 지금 여러분이 있는 곳은 미국 캘리포니아 주 앞바다의 갈조류 숲이에요. 거대한 갈조류가 빽빽하게 우거진 숲속은 서늘하고 어두워요.

물속의 메타세쿼이아라고 할 만한 다시마 등의 갈조류는 육지의 나무보다 클 때도 있어요. 바닷속 암반으로부터 최대 25미터까지 자라니까요. 육지의 숲처럼, 갈조류 숲에도 많은 생물이 살아요. 1,000종이 넘는 물고기가 이곳을 집으로 삼지요. 갈조류의 무성한 잎은 어린 물고기와 갑각류를 보호해 주고, 두꺼운 줄기는 여러 초식 동물과 잡식 동물에게 영양가 많은 샐러드가 되어 주어요.

갈조류 숲은 사냥터이기도 해요. 인간은 지난 수십 년 동안 최상위 포식자로서 해달을 사냥했어요. 털가죽을 노린 거예요. 결과는 처참했어요. 해달의 수가 줄고, 먹이 사슬 전체가 흐트러졌어요. 해달의 수는 다시 늘었지만, 그새 해달의 먹이인 태평양보라성게가 엄청 늘었어요. 이건 심각한 문제예요. 성게는 메뚜기 떼처럼 몰려다니며 갈조류를 먹어 치워서 생태계를 어지럽히거든요. 그런 곳은 바다 밑바닥이 금세 황폐해져요. 해바라기불가사리도 성게를 잡아먹는 포식자예요. 하지만 지구 온난화로 크게 변한 생태계에 불가사리가 잘 적응하지 못해 성게 수가 줄어들지 않아요.

갈조류가 용케 성게의 피해를 입지 않은 곳에서는 수많은 생물이 북적거려요. 집게가 없는 것이 특징인 발그스름한 캘리포니아닭새우가 바위틈에서 빼꼼 내다보고, 바위 위에는 이곳 먹이 사슬에서 중요한 역할을 담당하는 튼튼한 복족류°인 붉은전복이 붙어 있어요. 진한 주황색의 가리발디자리돔이 갈조류 틈을 누비며 전복과 성게를 사냥하고, 이따금 해달도 물속으로 잠수해서 전복과 성게를 찾아요. 먹이를 찾은 해달은 두 손으로 먹이를 꼭 쥐고 물 위로 올라가 오독오독 씹어 먹어요.

○ 복족류: 달팽이, 고둥, 소라 등 배에 발이 붙어 있고 보통 껍데기가 있는 연체동물의 한 종류

1. 태평양보라성게
스트롱길로켄트로투스 푸르푸라투스
Strongylocentrotus purpuratus

태평양보라성게는 뾰족한 바늘이 잔뜩 꽂힌 바늘꽂이처럼 생겼어요. 가시는 성게를 포식자로부터 보호해 주고, 주변에 흘러가는 해조류를 간식 삼아 낚아채게 해 주죠. 폭이 보통 10센티미터 정도까지 자라는데, 먹성이 좋고 튼튼한 이 성게는 갈조류 숲을 위협하는 존재예요.

2. 캘리포니아닭새우
파눌리루스 인테룹투스
Panulirus interruptus

캘리포니아닭새우는 보통 30센티미터쯤 자라요. 작은 연체동물이라면 가리지 않고 먹는데, 태평양보라성게도 먹지요. 성게가 먹어 치우는 갈조류를 닭새우가 보호해 주는 셈이에요. 우리가 흔히 먹는 바닷가재와는 달리, 닭새우는 집게발이 없고 다섯 쌍의 다리를 모두 걷는 데 써요.

3. 큰돌고래
투르시옵스 트룽카투스
Tursiops truncatus

'병코돌고래'라고도 불리는 큰돌고래는 무리 지어 살아요. 무리가 함께 사냥하고 함께 놀지요. 이 고래는 고주파수의 초음파로 서로 소통하는데, 그 소리가 우리 귀에는 딸깍딸깍 소리나 휘파람 소리처럼 들려요. 과학자들은 이 돌고래가 개체마다 독특한 '목소리'를 갖고 있다고 믿는답니다.

4. 해바라기불가사리
피크노포디아 헬리안토이데스
Pycnopodia helianthoides

세상에서 가장 큰 불가사리인 해바라기불가사리는 팔이 무려 스무 개 남짓 자라요. 포식자의 공격을 받으면, 팔을 하나 떼어 버리고 특수한 화학 물질을 분비하여 주변의 친구 불가사리들에게 조심하라고 알려요. 팔을 하나 잃는 건 문제가 되지 않아요. 다시 자라니까요.

갈조류 숲에서 사는 생물종

산타크루즈섬

채널제도는 온화한 아열대 기후예요. 하지만 제도의 섬들 중 가장 큰 면적 250제곱킬로미터의 산타크루즈섬에는 높은 산과 깊은 계곡이 있는데, 계곡에 특이한 기후가 형성되어 있지요. 제도의 다른 지역과는 달리, 그 계곡에서는 겨울에 기온이 보통 영하로 내려가고 여름에는 평균적으로 딴 곳보다 더 더워요.

5. 큰바다농어
스테레올레피스 기가스
Stereolepis gigas

'큰바다배스'라고도 불리는 이 물고기는 정말로 커요. 몸길이가 최대 2.5미터까지 자라고, 몸무게는 250킬로그램이 넘게 나가죠. 게다가 사람만큼 오래 산답니다. 일부 개체는 백 년도 넘게 산다는 게 과학자들의 생각이에요.

6. 붉은전복
할리오티스 루페스켄스
Haliotis rufescens

껍데기가 붉은 벽돌색이라 붉은전복이라는 이름이 붙었어요. 전복류 중 가장 덩치가 큰 이 전복은 껍데기에 생기는 3~5개의 구멍으로 숨을 쉬고 노폐물을 내보내요. 엄격한 채식주의자로, 갈조류 숲을 기어다니면서 꼭 끌처럼 생긴 작은 이빨로 갈조류를 갉아 먹어요.

7. 가리발디자리돔
힙시폽스 루비쿤두스
Hypsypops rubicundus

다 큰 가리발디자리돔은 진한 주황색이라 포식자의 눈에 확 띄어요. 그래서 이 물고기는 갈조류 숲에 몸을 숨기지요. 하지만 그 때문에 수컷은 암컷을 꾈 때 더 노력해야만 해요. 수컷은 목 안쪽에 난 크고 특별한 이빨을 딱딱 부딪혀서 소리를 내면서 뱅글뱅글 돌아요. 자신이 강한 수컷이란 걸 내보이려는 거예요.

8. 캘리포니아해달
엔히드라 루트리스 네레이스
Enhydra lutris nereis

털이 반지르르한 이 포유류는 온종일 갈조류 숲을 헤치며 먹이를 찾아요. 해달에게 갈조류 숲은 전복, 가리비, 성게 등 다양한 먹이가 차려진 뷔페 식당이지요. 매서운 사냥꾼이지만, 새끼에게는 다정한 어미예요. 어미는 생후 6개월이 될 때까지 새끼를 배에 얹은 채 물 위를 떠다니며 젖을 먹여요.

9. 북방코끼리물범
미로웅가 앙구스티로스트리스
Mirounga angustirostris

북방코끼리물범은 몸길이가 4미터가 넘을 만큼 크고 투실투실한데, 대부분의 시간을 물에서 보내면서 갑각류, 상어, 문어 등등 닥치는 대로 잡아먹어요. 하지만 일 년 중 석 달은 물에 머물며 짝짓기와 털갈이를 하는데, 그때는 아무것도 먹지 않고 굶어요.

와디엘제말

세계에서 가장 뜨거운 지역 중 한 곳에 바닷속 낙원이 숨어 있어요. 파랗고 투명한 물속에 초록색 해초의 초원이 펼쳐져 있지요.

수면에는 모래로 된 작은 섬 수십 개가 점점이 솟아 있고, 섬 주변의 얕은 물속에는 생명이 넘쳐요. 이곳은 아프리카 대륙과 아라비아 반도 사이의 홍해 서해안에 있는 널따란 바닷속 들판, 와디엘제말국립공원이랍니다.

홍해는 날씨가 늘 뜨겁고 건조한 데다가 비가 거의 오지 않고 증발률이 높아요. 바다로 흘러드는 강도 없으니, 홍해 바닷물은 여느 바닷물보다 더 짜고 더 따뜻해요. 언뜻 보면, 이런 환경에서는 동식물이 잘 살 수 없을 것 같지요.

하지만 이따금 이곳에 비가 흠뻑 쏟아질 때가 있어요. 그러면 평소에는 말라 있던 '와디'라고 하는 해안 주변의 깊은 계곡에 물이 흘러넘치고, 그 물이

흙을 바다로 실어 날라요. 갑작스런 홍수가 바다에 공급해 주는 영양분 덕분에, 해변을 따라 얕고 햇빛 잘 드는 아늑한 곳에서 해초가 잘 자라요.

바닷속에서 꽃을 피워 씨를 맺는 해초들이 자라는 해초지는 수많은 다른 동물들의 집이 되어 주지요. 해초 속에 몸을 숨길 수 있는 데다가 물살이 부드럽기 때문에, 이곳은 새끼 물고기들이 자라기에 알맞은 환경이에요. 해안선을 따라 군데군데 형성된 26개의 해초지가 띠처럼 엮여 형성된 산호초 속에도 물고기들이 몸을 숨겨요. 와디엘제말에는 153종이 넘는 물고기가 살고, 해초지에는 10여 종의 해초가 조화롭게 뒤섞여 자라요.

해초지는 평화로워요. 바다 바닥에서는 듀공과 푸른바다거북이 한가롭게 풀을 뜯지요. 하지만 평온한 낙원으로 보이는 이 소중한 생태계가 환경 오염과 지구 온난화 때문에 파괴될 처지에 놓였어요. 게다가 이집트 정부가 이곳 해변에 부자 여행객들을 위한 관광지를 만들 계획인 터라, 일대가 큰 변화를 겪고 있어요. 우리는 아직 와디엘제말의 해초지에 대해서 알아야 할 것이 많아요. 그러니 수많은 생물을 길러 내는 이곳 해초지를 보호하는 일에 한시바삐 나서야 해요.

1. 흰수염성게
트리프네우스테스 그라틸라
Tripneustes gratilla

작은 바늘꽃이처럼 생긴 이 성게는 '수집가성게'라는 별명이 있어요. 바닥을 기어다니면서 걸린 갖가지 부스러기를 가시에 꽂고 다닌다고 해서 붙은 별명이에요. 흰수염성게는 흔한 편인데 일 년에 두 차례 산란하고, 한 번 산란할 때마다 무려 200만 개의 알을 뿜어내요.

2. 붉은멍게
할로킨티아 파필로사
Halocynthia papillosa

보통 바위에 붙어서 자라는 이 멍게는 짙은 적갈색을 띠어요. 물속에 떠다니는 유기물 영양분을 빨아들여서 먹고 살아요.

3. 작은뿔표문쥐치
나소 안눌라투스
Naso annulatus

작은뿔표문쥐치의 이마에 튀어나온 긴 뿔은 과학자들에게도 수수께끼예요. 방어용으로 쓰이지 않거든요. 경쟁자나 포식자를 물리쳐야 할 때는 뿔 대신 꼬리 근처에 날카로운 바늘처럼 돋아 있는 칼날들을 휘두른답니다. 이 칼날들은 비늘이 변형된 것이라고 해요.

4. 쏠배감펭
프테로이스 밀레스 Pterois miles

쏠배감펭은 깃털 같은 긴 가시에 독을 품고 있어요. 게다가 '라이온피시'라는 별명에 걸맞게, 사자(라이온) 못지않게 위험한 동물이에요. 사람이 그 독에 쏘이면, 구역질과 어지럼증과 마비가 일어나고 심하면 죽을 수도 있어요.

5. 독가시치
시가누스 리불라투스
Siganus rivulatus

독가시치는 '래빗피시'라고도 불리지만, 온순한 토끼(래빗)와는 정반대예요. 쏠배감펭처럼 독가시치의 등에 난 길고 뾰족한 가시들에는 독이 있어요. 사람이 그 독에 쏘이면 몹시 아프지만, 다행히 죽지는 않아요.

해초지에서 사는 생물종

6. 듀공
듀공 듀공 *Dugong dugon*

듀공은 덩치가 크지만 오로지 풀만 먹고 사는 초식 동물이에요. 하루에 풀을 40킬로그램이나 먹는답니다! '바다소'라고도 불리는 듀공은 해초를 뿌리째 뽑아 먹기 때문에, 듀공이 지나간 자리에는 모래가 드러난 길이 남아요.

7. 자야카르해마
히포캄푸스 야이아카리 *Hippocampus jayakari*

이 해마는 깊지 않은 해초지의 해초에 꼬리를 감고 살아요. 몸길이가 14센티미터까지 자란답니다. 번식할 때는 암컷이 수컷의 꼬리 근처에 있는 육아낭에 알을 낳아요. 수컷은 알을 수정한 뒤에, 새끼들이 부화할 때까지 육아낭 속에 품고 다녀요.

8. 큰양놀래기
케일리누스 운둘라투스 *Cheilinus undulatus*

이곳의 물고기들 중에서 왕은 큰양놀래기예요. 수컷은 몸길이가 2미터가 넘게 자라요. 살집이 두툼한 입술로, 거북복이나 악마불가사리처럼 독 있는 먹이도 문제없이 먹어 치워요.

9. 푸른바다거북
켈로니아 미다스 *Chelonia mydas*

이 거북을 포함한 모든 거북들은 해초의 성장에 중요한 존재예요. 거북은 꼭 잔디를 깎는 것처럼 해초를 뜯어 먹는데, 그러면 해초가 자극을 받아서 더 잘 자라요. 게다가 거북이 배설하는 똥은 해초에게 기름진 거름이 되어 주지요.

10. 보라양쥐돔
제브라소마 크산투룸 *Zebrasoma xanthurum*

보라양쥐돔은 진보라색 몸통과 노란색 꼬리를 자랑하는 아름다운 물고기예요. 노란 꼬리 양쥐돔이라는 뜻의 '옐로테일탱'이라고도 불리죠. 하지만 이 물고기가 좋아하는 건 초록색 샐러드예요! 보라양쥐돔은 해조류를 먹고 살아요.

다양한 생태계

와디엘제말 해안에는 다채로운 해양 생태계가 있어요. 해초지뿐 아니라 산호초도 있고, 작은 삼각주 어귀에는 습지가 있으며, 맹그로브 숲도 있어요.

그레이트 배리어 리프

오스트레일리아 북동부 앞바다에 있는 그레이트배리어리프는 바닷속 대도시예요. 이 방대한 생태계는 3,000개의 산호초와 1,000개의 섬으로 이루어졌고, 넓이가 35만 제곱킬로미터에 달해요.

땅 위의 대도시처럼, 그레이트배리어리프는 다양한 구성원들이 오밀조밀 모여 사는 공간이에요. 600종이 넘는 산호가 이 거대한 공동체에서 살아가요. 다이버는 한없이 다채로운 색깔을 볼 수 있어요. 사슴뿔산호는 옅은 베이지, 가지산호는 진홍, 엘크혼산호는 겨자색, 콜리플라워산호는 자주색, 국화다발 같은 파이프오르간산호는 분홍빛 감도는 흰색이죠.

산호는 언뜻 식물이나 바위처럼 보이지만, 사실은 동물이에요. '폴립'이라는 작은 생물체가 바닷물의 탄산칼슘을 빨아들인 뒤 그것으로 제 보드랍고 약한 몸을 보호하기 위해 딱딱한 골격을 만드는데, 그 골격이 우리가 보는 산호예요. 산호는 물속의 플랑크톤을 먹고 살아요. 그뿐 아니라 제 몸속에서 조류가 살도록 허

락하여, 조류가 광합성으로 만드는 영양분을 얻어먹어요.

산호들이 모여 바위처럼 이루어진 산호초는 수많은 생물들을 끌어들여요. 분홍색, 흰색, 오렌지색 말미잘들이 깔쭉깔쭉한 산호 틈에 부드러운 몸을 숨기고, 흰동가리들이 말미잘 촉수에 몸을 숨겨요. 흰동가리는 말미잘 독에 쏘여도 다치지 않거든요. 작고 희귀한 생물인 푸른갯민숭달팽이가 바닥 근처를 떠다녀요. 사냥꾼들도 이곳에서 배불리 먹어요. 파랑비늘돔은 산호에 붙은 조류를 뜯어 먹고, 큰귀상어가 파랑비늘돔을 잡

아먹어요. 산호 자체도 먹이가 되곤 해요. 악마불가사리는 산호 위를 기어다니며 산호를 우걱우걱 먹어요.

그런데 오늘날 산호초는 게걸스러운 불가사리보다 훨씬 큰 위험에 처해 있어요. 오스트레일리아뿐 아니라 전 세계에서 인간이 석탄 등 화석 연료를 태운 탓에, 바다가 더 더워지고 산성화되고 있어요. 그래서 산호들이 '백화'되어 허옇게 변한 채 죽어가요. 최근 유난히 더웠던 해에는 산호의 피해가 너무 심각해, 과학자들은 바닷속에서 대형 산불이 발생한 것과 같다고 말해요. 2016년에 그레이

트배리어리프의 산호 중 30퍼센트가 죽었어요. 역시 기록적으로 더웠던 2017년에는 또 20퍼센트가 죽었어요. 단 두 해 만에 이곳 산호초의 절반이 사라진 셈이에요.

아직 기회는 있어요! 과학자들은 산호에게 더 안전한 환경을 인공적으로 조성하여 새 산호가 더 잘 자라도록 하는 방법을 여러모로 연구하고 있어요. 하지만 이 멋진 생태계의 운명은 아무래도 우리가 발전소, 공장, 자동차에서 나오는 오염을 줄여서 지구를 덥히는 온실가스를 덜 배출하는 데 달려 있을 거예요.

1. 콜리플라워산호
포킬로포라 다미코르니스
Pocillopora damicornis

'레이스산호'라고도 불리는 콜리플라워산호는 산호초를 이루는 산호 중 가장 널리 퍼진 종이에요. 인간이 일으키는 오염으로 바다가 변하고 산호가 죽어가는 오늘날, 과학자들은 이 산호의 면역 체계가 유난히 튼튼하다는 걸 알아냈어요. 그 덕분에 이 산호는 주변 환경이 변해도 금세 잘 회복해요.

2. 바다나비
디아카볼리니아 롱기로스트리스
Diacavolinia longirostris

바다나비는 익족류의 한 종류예요. '익'은 '날개' '족'은 '발'을 뜻하지요. 날개 겸 발이르–니, 말이 안 되는 것 같나요? 하지만 몸길이가 1센티미터도 안 되는 이 작은 생물체는 보통 달팽이가 바닥을 길 때 쓰는 발처럼 생긴 것을 펼쳐서 투명한 날개로 삼아 물속을 자유롭게 헤엄친답니다.

3. 큰귀상어
스피르나 모카란
Sphyrna mokarran

큰귀상어는 아홉 종의 귀상어 중 가장 큰 종이에요. 어떤 개체는 6미터가 넘게 자라죠. 큰귀상어는 알파벳 T자처럼 생긴 머리에 있는 전기 수용체로 오징어, 가오리, 다른 상어 등등의 먹잇감을 감지해요. 먹이가 바닥의 모래 속에 숨어 있어도 알아낼 수 있어요.

4. 배리어리프흰동가리
암피프리온 아킨디노스
Amphiprion akindynos

니모를 찾았군요! 디즈니의 만화 영화 '니모를 찾아서'에 등장하는 주인공 물고기가 바로 이 흰동가리예요. 배리어리프흰동가리는 말미잘 촉수 틈에서 사는데, 몸에서 나오는 특수한 점액 덕분에 말미잘의 독에 쏘여도 아무렇지 않아요.

산호초에서 사는 생물종

지구에서 제일 큰 생명체

그레이트배리어리프에는 수많은 생물종이 살아요. 물고기가 1,500종이 넘고, 산호도 411종이나 되어요. 하지만 산호초 자체도 하나의 생명체라고 볼 수 있답니다. 그렇게 본다면, 그레이트배리어리프는 살아 있는 생물들 중 지구에서 제일 큰 생명체인 셈이에요.

5. 대왕조개
트리다크나 기가스
Tridacna gigas

1.5미터 넘게 자라는 이 조개는 여느 조개들처럼 아가미로 작은 플랑크톤을 걸러 먹어요. 그런데 이 조개에게는 산호에게 배운 또 다른 기술이 있어요. 식물처럼 햇빛을 받아 광합성을 하는 조류를 껍데기에 키우는 거예요. 그 조류들에게 영양분을 많이 의지하고 있기 때문에, 이 조개는 햇빛이 없는 어두운 곳에서는 죽을 수도 있어요.

6. 백기흉상어
트리아이노돈 오베수스
Triaenodon obesus

백기흉상어는 몸길이가 1.6미터나 되는 데다 아주 무섭게 생겼어요. 이 야행성 물고기는 낮에는 내내 자다가 밤이 되면 산호초 틈에서 작은 물고기를 잡아먹어요. 하지만 사람에게는 온순하게 대한다고 알려져 있어요. 과학자들이 이 상어에게 손으로 먹이를 주었다는 이야기가 있을 정도예요.

7. 파랑비늘돔
스카루스 그호반
Scarus ghobban

파랑비늘돔의 가장 큰 특징은 새의 부리처럼 튀어나온 이빨이에요. 이빨들은 무척 단단하고, 오래되어 닳아 없어지더라도 계속 새로 자라요. 덕분에 이 물고기는 돌처럼 딱딱한 산호도 과자를 씹듯이 먹을 수 있죠. 이 식성은 해변에 놀러 가는 사람들에게도 좋아요. 파랑비늘돔은 산호를 먹은 뒤에 곱고 흰 모래를 배설하니까요.

8. 악마불가사리
아칸타스테르 플랑키
Acanthaster planci

가시가 뾰족뾰족 난 악마불가사리는 인간과 짝을 이뤄서 산호초를 파괴하는 범인이에요. 불가사리는 제 몸속의 위장을 몸 밖으로 토해 낸 뒤 소화 효소를 내 먹잇감을 녹여 먹어요. 그래서 산호처럼 딱딱한 골격이 있는 먹잇감도 그 속의 부드러운 조직만 빨아 먹을 수 있어요. 인간이 일으키는 오염과 더불어, 산호에게 심각한 위협이 되는 존재이지요.

9. 푸른갯민숭달팽이
글라우쿠스 아틀란티쿠스
Glaucus atlanticus

푸른갯민숭달팽이는 화려하고 독특한 생김새 때문에 별명이 많은 연체동물이에요. '블루드래곤', '블루스왈로', '블루에인절'이라고도 불리죠. 기껏해야 3센티미터쯤 되는 이 작은 생물체에게는 대단한 재주가 있어요. 자신보다 훨씬 크고 독이 있는 해파리를 조금 뜯어 먹었다가 그 독을 저장해서 제 몸을 지키는 데 쓴답니다.

산호초를 보전하려는 노력

오염과 해양 산성화 때문에, 그레이트배리어리프의 산호초가 어느 때보다 빠르게 죽어 가고 있어요. 하지만 과학자들과 환경 운동가들이 팔을 걷고 나섰어요. 2018년에 그들은 산호초가 이미 죽어 버린 영역에서 인공적으로 다시 산호를 길러 내는 작업을 시작했어요. 역사상 최대 규모의 산호 복원 사업이에요.

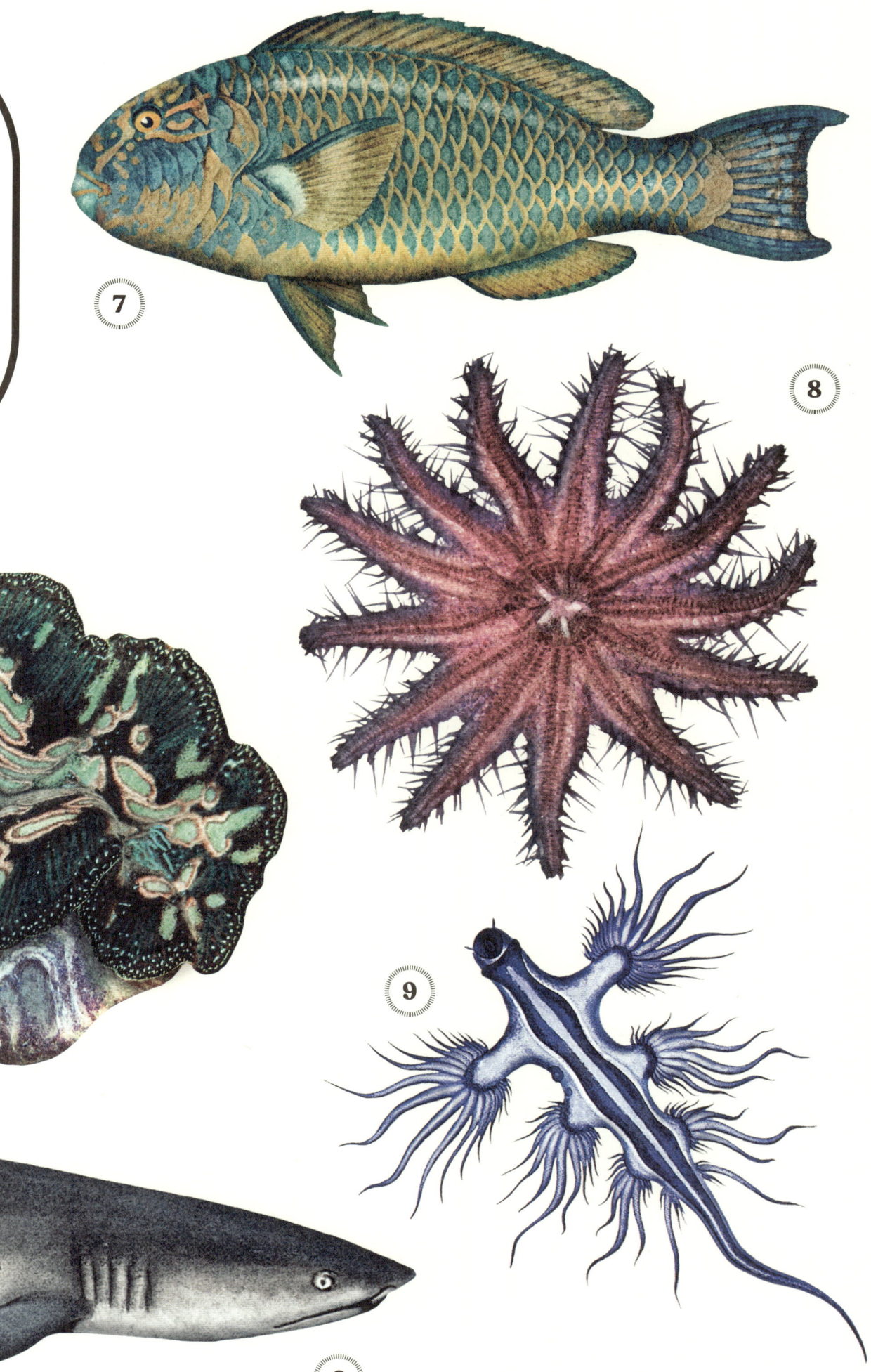

체서피크만

미국 동해안에 사람들이 몰려와서 길을 닦고 해변에 별장을 짓고 배를 띄우기 전에, 이곳의 탁한 바닷물 속에는 굴의 나라가 있었어요.

수십억, 수백억 마리의 굴이 차가운 물속 바닥에 다닥다닥 붙어서 마치 회갈색 돌멩이가 즐비하게 깔린 벌판처럼 보였죠. 사람들은 수천 년 전부터 굴을 먹었어요. 이곳에 인간이 처음 정착한 것은 지금으로부터 1만 2,000년 전이었죠. 빙하기에 육지를 덮었던 빙하는 약 3,000년 전부터 녹기 시작해, 오늘날 체서피크만이라고 불리는 만이 생겨났어요. 얕고 따뜻한 만은 굴이 살기에 완벽한 환경이었죠.
유럽에서 건너온 식민주의자들이 원래 이곳에 살던 원주민을 폭력 적으로 내쫓

고 해변을 개발한 지 200년쯤 된 1800년대 초, 만에 면한 메릴랜드와 버지니아의 어부들은 매년 2톤이 넘는 굴을 채취했어요. 그랬던 굴 수확량은 1890년에서 1930년까지 3분의 2가량이 줄었어요. 사람들이 너무 많이 채취한 것도 문제였지만, 짠물에서 더 기승을 부리는 두 종류의 기생충이 퍼진 것도 문제였어요. 가뭄이 든 해에는 바닷물을 희석시킬 빗물이 적게 흘러드는 탓에 기생충 질병이 더 심각했지요. 1950년대의 어느 해에는 이 질병 때문에 굴 개체 수가 90퍼센트 가까이 줄었어요. 수확량은 이후에도 계속 줄기만 했어요.

굴이 사라져서 곤란한 건 사람들의 먹을 것이 줄어서만이 아니에요. 굴을 비롯한 조개류는 물속의 유독 물질과 오염 물질을 빨아들여서 물을 깨끗하게 만드는 것으로 유명해요. 그리고 굴이나 조개들이 쌓여서 커다란 바위처럼 만들어진 굴 암초의 틈새는 해면, 벌레, 게, 어린 물고기 등이 포식자를 피해 숨기에 알맞은 공간이지요.

2000년대 초부터 이곳에 굴이 돌아오고 있어요. 선조들이 망가뜨린 굴 암초를 되살리려고 애쓰는 사람들이 한몫했지요. 어부들은 해안에서 굴을 양식하기 시작했어요. 환경 운동가들은 만 곳곳에 굴 종자를 심어서, 굴 암초가 오염을 청소해 주고 야생 동식물들을 다시 불러들이기를 바라고 있어요.

1. 진주담치
미틸루스 에둘리스 *Mytilus edulis*

진주담치는 세상에서 가장 흔한 조개 중 하나예요. 그 검푸른 껍데기는 전 세계 해변에서, 탕으로 혹은 마늘과 버터를 끼얹어 식탁에서도 흔히 볼 수 있지요. 이 조개는 수온이 올라가도 내려가도 견딜 수 있어요. 기후 변화가 심각해져도 꿋꿋이 살아남는 종이 될지 몰라요. 흔히 홍합이라고도 불려요.

2. 풀새우
팔라이모네테스 푸기오 *Palaemonetes pugio*

작고 투명한 풀새우는 굴 암초에서 사는 물고기와 갑각류가 즐겨 먹는 먹이예요. 하지만 노란색과 갈색의 점이 있는 이 십각류°가 고분고분 당하기만 하는 건 아니에요. 풀새우는 머리끝의 뾰족한 '이마뿔'로 포식자를 콕 찔러 맞선다고 해요.

○ 십각류: 갑각류의 한 종류. 다리가 5쌍 즉 10개가 되어 '십각류'라고 부른다. 새우, 게, 가재 등이 있다.

3. 벌거숭이망둑어
고비오소마 보스크 *Gobiosoma bosc*

걱정 마세요. 벌거숭이망둑어가 정말 홀딱 벗은 건 아니니까요. 아름다운 줄무늬가 있는 이 물고기의 피부는 매끄러워요. 여느 물고기들과 달리 비늘이 없거든요. 몸길이가 몇 센티미터에 불과하고 바닥에서 서식해요. 번식은 굴에 의지하는데, 암컷이 빈 굴 껍데기에 알을 낳는답니다.

4. 깃털베도라치
힙소블렌니우스 헨츠 *Hypsoblennius hentz*

머리에 깃털처럼 생긴 피부 조각이 달려 있어 깃털베도라치라는 이름이 붙었지요. 깃털베도라치는 이 깃털로 물속 움직임을 감지해요. 약 10센티미터까지 자랍니다. 영역을 중시하는 물고기라 제 영역에 침입자가 들어오면, 자신보다 훨씬 더 큰 물고기에게도 덤벼들어 물리쳐요.

굴 암초에서 사는 생물종

핵심종

체서피크만은 예전부터 굴이 유명했어요. 하지만 20세기 중순에 환경 오염이 심해져 굴이 크게 줄었고, 이 맛있는 조개를 채취하기에 안전하지 않은 곳이 되었죠. 이후 환경 보호 운동 덕분에 만은 대체로 다시 깨끗해졌어요. 어부들은 굴을 양식하여, 물을 깨끗하게 만들고 체서피크만을 다시 굴 생산의 중심지로 되살리려고 애쓰고 있어요. 굴은 체서피크만에서 생태계를 유지하는 데 결정적인 역할을 하는 핵심종이거든요.

5. 굴두꺼비고기
옵사누스 타우 *Opsanus tau*

입이 큰 데다 입술도 두툼한 굴두꺼비고기는 얼룩덜룩한 황갈색 덩어리 같아요. 주로 바닥에서 연체동물과 작은 갑각류를 먹고 살아요. 가끔 몸길이가 40센티미터 넘게 자라는 개체도 있어요. 부레를 떨어서 두꺼비처럼 꿱꿱 소리를 냄으로써 포식자를 물리치고 짝을 꾀어요.

6. 대서양굴
크라소스트레아 비르기니카 *Crassostrea virginica*

대서양굴은 서로 다닥다닥 붙어 자라요. 단단한 굴 껍데기가 무더기로 쌓인 모습이 꼭 바위처럼 보이죠. 굴은 물을 깨끗하게 만들어 주고, 굴 암초는 다른 생물들이 깃들어 살 수 있는 서식지가 되어 주어요. 대서양굴은 북아메리카 동해안 어디에서나 잘 살아요. 물이 얼 정도로 차가워지면 껍데기를 꽉 다물어 다시 따뜻해질 때까지 기다린답니다.

7. 대서양뿔고둥
우로살핑크스 키네레아 *Urosalpinx cinerea*

크기도 작고 별로 무서워 보이지도 않는 대서양뿔고둥은 알고 보면 무시무시한 포식자예요. 산성 물질을 분비해 굴 껍데기를 녹인 뒤, '치설'이라고 하는 톱니형 이빨로 구멍을 뚫어서 속에 든 부드러운 살을 꺼내 먹어요.

8. 블랙피시
타우토가 오니티스 *Tautoga onitis*

블랙피시는 입 앞쪽에 난 강력하고 둥근 송곳니로 게, 조개, 따개비를 쉽게 씹어 먹어요. 먹이를 찾지 않을 때는 굴 암초의 적당한 구멍으로 들어가서 옆으로 누워 자요. 어찌나 납작 누워 있는지, 포식자들이 이 물고기를 못 보고 지나가곤 해요.

9. 편형동물
스틸로쿠스 엘립티쿠스 *Stylochus ellipticus*

대서양굴에게 가장 위험한 포식자 중 하나는 편형동물이에요. 편형동물은 굴의 살을 즐겨 먹어요. 체서피크만의 굴 개체 수를 늘리려는 사람들의 노력을 방해하죠.

독특한 생태계

체서피크만은 미국에서 가장 넓은 하구이고, 세계에서는 세 번째로 넓은 하구예요. 이곳으로 물을 흘려보내는 유역은 뉴욕주에서 버지니아주까지 남북으로 거의 850킬로미터나 된답니다. 미국에서 손꼽히는 인구 밀집 지역이라, 이 유역에 거주하는 인구만 1,800만 명이 넘어요.

북태평양

거대한 태평양에 오신 것을 환영합니다! 지구에서 가장 큰 바다인 태평양은 미국 서해안 캘리포니아에서 한국 동해 안까지 펼쳐진 1억 6,500만 제곱킬로미터 넓이의 대양이에요. 지구에 존재하는 얼지 않은 물의 절반 이상이 이 바다에 담겨 있답니다.

태평양은 또 오대양 중 가장 오래된 바다 예요. 대륙들이 오늘날의 모습을 갖추기 전, 지구에 는 판탈라사해 또는 고태평양이라고 불리는 바다가 있었어요. 그 바다가 지금으로부터 8억 년 전에 차츰 변하기 시작하여 태평양 이 형성되었고, 약 2억 년 전에는 오늘날의 태평양과 얼추 비슷한 모습이 완성되었어요.

1520년대에 포르투갈 탐험가 마젤란은 잔잔한 바다를 항해하 다가 이곳에 '마르 파시피코'라는 이름을 붙였어요. '마르 파시피 코'는 포르투갈어와 스페인어로 '평온한 바다'라는 뜻이지만, 사

실이 바다는 전혀 평온하지 않아요. 태평양 가장자리를 빙 둘러서 고리 모양으로 화산들이 이어진 환태평양 지진대가 있거든요. 환태평양 지진대는 '불의 고리'라고도 불리는데, 길이가 4만 킬로미터가 넘어요. 전 세계 지진과 화산 활동의 70퍼센트 이상이 여기서 발생하지요. 하지만 태평양 구석구석에는 생명이 넘쳐요.

잔잔한 해수면 근처에는 식물성 플랑크톤이 떠다녀요. 식물처럼 햇빛으로 광합성을 하는 미생물이죠. 바다 밑바닥에는 갈조류가 울창하게 숲을 이뤄요. 그 갈조류를 게와 작은 물고기가 먹기

요. 먹이 사슬은 줄줄이 이어져요. 게와 작은 물고기를 큰 물고기가 먹고, 큰 물고기를 펭귄과 물범이 먹고, 펭귄과 물범을 상어와 범고래가 먹어요. 하지만 태평양에서 가장 덩치 큰 생물인 흰긴수염고래는 재미있게도 새우처럼 생긴 작은 갑각류인 크릴을 먹고 살지요.

이 생태계 또한 위험에 처했어요. 자동차, 농장, 공장이 내뿜는 배출 가스가 두꺼운 담요처럼 지구를 감싸는 바람에, 태평양이 갈수록 더 더워지고 더 산성화되고 있어요. 배출 가스의 대부분을 바다가 흡수하거든요. 바다가 산성화되니 해양 생물들이 살기가 점점 어려워지죠. 게다가 인간이 내버리는 플라스틱 쓰레기 중 많은 양이 태평양으로 흘러들어, 이 경이로운 서식지를 위태롭게 만들고 있어요.

1. 참다랑어
툰누스 오리엔탈리스
Thunnus orientalis

참다랑어는 가장 큰 바닷물고기 중 하나로, 몸길이 1.5미터에 몸무게가 60킬로그램쯤 나가요. 몸길이 3미터에 무게 450킬로그램의 개체도 그물에 걸린 적 있어요. 참다랑어는 근육질 몸통과 꼬리지느러미를 힘차게 퍼덕여, 드넓은 태평양을 수천 킬로미터씩 빠르게 헤엄쳐요. 흔히 '참치'라고 불리죠.

2. 큰태평양문어
엔테록토푸스 도플레이니
Enteroctopus dofleini

큰태평양문어는 문어류 중 가장 큰 종이에요. 몸길이 5미터에 몸무게는 50킬로그램이나 되거든요. 피부를 주변 환경과 비슷한 색과 질감으로 위장해 먹이를 잡는 영리한 사냥꾼이죠. 여덟 개의 다리를 오므리면 날렵한 로켓 모양이 되어 빠르게 헤엄칠 수도 있어요.

3. 백상아리
카르카로돈 카르카리아스
Carcharodon carcharias

백상아리는 세상에서 제일 큰 포식성 물고기로, 몸길이가 6미터까지 자라요. 큰 몸 자체가 강력한 무기이죠. 최상위 포식자로서 다른 물고기, 물범, 심지어 향고래까지 잡아먹어요.

4. 황새치
크시피아스 글라디우스 *Xiphias gladius*

황새치는 거의 모든 바다에서 살지만, 전체 어획량의 절반은 태평양에서 잡혀요. 이 은색 사냥꾼은 4미터 넘게 자라는데, 칼처럼 길쭉한 주둥이가 몸길이의 3분의 1을 차지하죠. 황새치는 그 날카로운 칼로 오징어 등의 먹이를 베거나 꿰뚫어 버려요.

대양에서 사는 생물종

플라스틱 쓰레기

북태평양 한가운데에는 인간이 낸 부끄러운 상처가 있어요. 엄청나게 많은 플라스틱 쓰레기가 바다에 둥둥 떠 있는 '거대 쓰레기 지대'예요! 인간이 매년 수백만 톤씩 바다에 내버리는 플라스틱 쓰레기가 그곳에 모인 거예요. 현재 한반도 면적의 7배가 넘는 것으로 추측되는 거대 쓰레기 지대는 해양 먹이 사슬에게 해로운 미세플라스틱을 바다에 퍼뜨릴지도 모르는 골칫거리예요.

5. 홍연어
옹코르힝쿠스 네르카
Oncorhynchus nerka

홍연어는 북아메리카 앞바다의 찬물에서 동물성 플랑크톤과 작은 갑각류를 먹고 살아요. 번식기에는 바다에서 강으로 거슬러 올라가서 알을 낳는 '소하성' 어류예요. 번식기에 몸통은 진분홍색, 머리는 녹회색, 배는 흰색으로 색이 변해서 눈에 확 띄어요.

6. 대왕쥐가오리
모불라 비로스트리스 *Mobula birostris*

대왕쥐가오리는 이름처럼 지느러미를 다 펼치면 폭이 9미터 가까이 되어요. 무리 짓지 않고 단독 생활을 해요. 물고기 중에서 제일 큰 뇌를 갖고 있는데, 거울에 비친 제 모습을 알아볼 정도로 영리해요. 뻥 뚫린 입에 작은 이빨이 나 있어, 작은 동물성 플랑크톤을 먹기에 알맞지요. '만타가오리'라고도 해요.

7. 혹등고래
메갑테라 노바이앙글리아이
Megaptera novaeangliae

혹등고래는 안전하고 잔잔한 열대의 바다에서 태어나지만, 먹이인 크릴을 찾아 최대 2만 5,000킬로미터나 헤엄쳐요. 가끔 극지방에도 가지요. 혹등고래는 '고래의 노래'로 유명해요. 암컷을 꾀기 위해 복잡한 노래를 24시간씩 내처 부르곤 한답니다.

8. 흰긴수염고래
발라이놉테라 무스쿨루스
Balaenoptera musculus

흰긴수염고래는 과거와 현재를 통틀어 지구의 모든 동물들 중에서 제일 커요. 공룡보다 크고, 버스 두 대보다 길죠. 그런데 6~7센티미터밖에 안 되는 작은 크릴만 먹고 살아요. 이빨 대신 뻣뻣한 고래수염으로 크릴을 걸러 먹지요. 수염고래는 육상의 포유류처럼 콧구멍이 2개 있어요. 고래들은 산소를 효율적으로 흡수하는 폐 덕분에 포유류여도 오래 잠수할 수 있답니다.

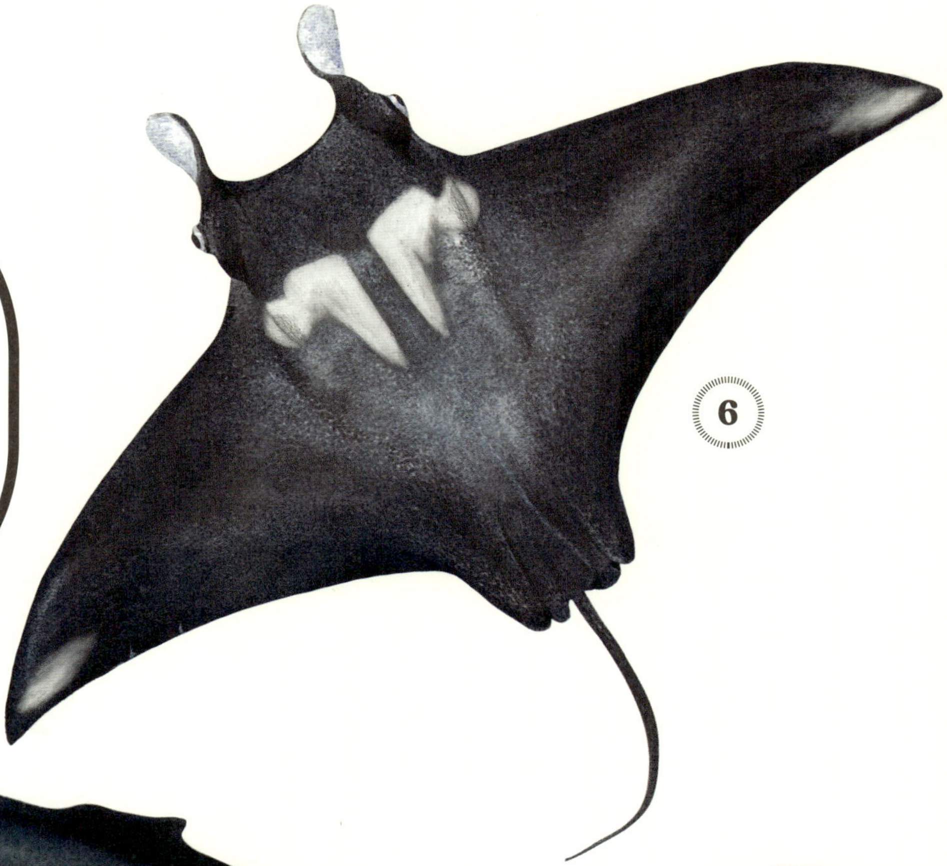

세계에서 가장 깊은 해구

북태평양의 마리아나 해구는 세계의 바다에서 가장 수심이 깊은 지역이에요. 바다 바닥에 초승달 모양의 계곡이 파였는데, 길이 약 2,550킬로미터, 폭이 69킬로미터나 되고 깊이는 최대 11킬로미터예요. 썩 깊어 보이지 않는다고요? 마리아나 해구 속에 에베레스트산을 빠뜨리면, 산봉우리가 물 위로 나오기는커녕 수심 2킬로미터 아래에 풍덩 잠길 거예요.

남극해

남반구에서 겨울이 끝나가는 9월이 되면, 바닷물이 언 해빙은 남극의 육지를 덮고도 바다 멀리까지 퍼져 면적이 약 1,800만 제곱킬로미터까지 불어나 있어요. 여름의 열기로 가득한 2월이면, 해빙은 육지 가장자리 가까이로 줄어들지요.

남극은 인간이 영구적으로 정착하지 않은 유일한 대륙이에요. 녹아 가는 해빙은 눈으로 빚은 큰 연잎 같아요. 끝없이 펼쳐진 회색과 흰색의 풍경 속에 식물은 눈에 띄지 않아요. 하지만 이곳은 결코 황량하지 않아요. 보통은 육지에서 거대한 군락을 이루고 사는 마카로니펭귄 몇 마리가 물에 뜬 얼음 위에 앉아 노란 볏을 뽐내요. 다른 얼음에서는 물고기로 배를 채운 웨들해물범들이 쉬고 있네요.

둥둥 뜬 얼음 밑에서도 극한의 외딴 생태계가 풍요롭게 펼쳐져요. 지구는 살짝 기운 채 공전하기 때문에, 남극에서는 여름 6개월 동안은

온종일 해가 빛나지만 겨울 6개월 동안 하루 종일 캄캄해요. 기나긴 어둠에 적응하느라, 이곳 생물들은 대부분 색깔이 옅어요. 남극문어는 희멀건하고, 남극의 크릴은 거의 투명하지요. 수면 근처에서 떼로 헤엄치는 작은 갑각류인 크릴은 수백 종 생물의 먹이가 되는, 남극 먹이 사슬의 토대예요. 작은 무척추동물인 피낭동물*들도 물속을 떠다녀요. 피낭동물의 하나인 살파는 꼭 말랑

○ 피낭동물: 미더덕, 멍게처럼 몸 겉에 껍질 주머니(피낭)를 갖고 있는 바다 생물

말랑한 슬라임으로 만든 자벌레처럼 보여요.

해가 나는 계절에는 돌출성이의 어두운 바다 바닥에서 거대 다시마가 자라요. 초여름에 간². 이 해안의 빙하에서 갈라져 바다 쪽으로 떨어지던 빙산이 크게 기우뚱해요. 빙산의 날카로운 모서리는 바다 바닥에 깊은 상처를 내는데 그 덕분에 갈아엎어진 땅에서 새 생명들이 자랍니다. 피낭동물의 하나인 유리튤립이 바다 바닥에 서서 줄기를 위로 뻗고, 그 긴 줄기에 남극 깃별나리가 달라붙어 흐느적거려요.

극단적 계절 변화로 못 알아채지만, 남극은 훨씬 더 큰 변화를 겪고 있어요. 지구 온난화로 육지의 빙하가 빠르게 녹고, 바다의 해빙은 그보다 더 빠르게 녹고 있어요. 꽁꽁 언 이 풍경을 잘 보아 두세요. 어쩌면 다시 못 볼지 모르니까요.

1. 웨들해물범
렙토니코테스 베델리이
Leptonychotes weddellii

회색 바탕에 점박이 무늬가 있는 웨들해물범은 몸에 지방이 많아서 통통해요. 두꺼운 지방은 남극해의 얼어붙는 추위에서 몸속 장기들을 보호해 주죠. 이 물범은 물속에서 한 시간 넘게 숨을 참으며 500미터까지 잠수할 수 있어요. 그 덕분에 범고래 같은 포식자를 피할 수 있지요.

2. 남극문어
메갈렐네도네 세테보스
Megaleiedone setebos

유령처럼 창백한 남극문어는 문어치고는 큰 편이라 몸길이가 90센티미터쯤 되어요. 연체동물의 껍데기에 구멍을 뚫고 독이 든 침을 주입해서 잡아먹지요. 이 독은 어떤 동물의 독보다도 낮은 온도에서 기능하는데, 과학자들은 아직 이 성분을 제대로 밝히지 못했어요.

3. 남극깔따구
벨기카 안타르크티카
Belgica antarctica

남극깔따구는 극한의 곤충이에요. 생애의 대부분을 바위 밑 얼음 틈에서 애벌레로 지내죠. 몸 안에 부동액 성분이 있거든요. 까만 성체가 되어도 날지는 못하고 몸길이는 6밀리미터를 겨우 넘지만, '남극에서 가장 큰 육상 동물'이에요. 1년 내내 육지에서 지내니까요. 추운 환경에 잘 적응한 터라, 기온이 10도를 넘으면 죽어 버릴 수도 있어요.

4. 거대다시마
마크로키스티스 피리페라
Macrocystis pyrifera

남극은 지구의 양극 중 하나이기 때문에, 일 년 중 6개월은 하루 종일 해가 비치고 나머지 6개월은 내내 캄캄해요. 그래서 계절 변화에 민감하게 반응하도록 적응한 갈조류인 거대다시마는 봄여름 동안에만 재빨리 자라요. 하루에 40센티미터씩 자라 보통 15~30미터까지 자란답니다.

5. 살파
살파 톰프소니
Salpa thompsoni

살파는 길이가 4센티미터쯤 되는데, 투명한 젤라틴 원통에 주황색 콩알이 담긴 것 같아요. 보통 여럿이 줄줄이 기차처럼 이어서 살죠. 찬 바닷물을 빨아들여 작은 플랑크톤을 걸러 먹어요. 몸에 빨아들인 물을 찍 짜내어 움직이는데, 단순하지만 효율적인 이동 방법이에요. 남극해가 갈수록 더워지는 탓에, 이 작은 피낭동물은 점점 더 남쪽으로 내려가고 있어요.

해빙에서 사는 생물종

6. 유리튤립
Pyura spinifera

유리튤립은 연안 바닷의 바위에 붙어 줄기를 올리고 긴 줄기 끝에 둥근 꽃봉오리 같은 것을 피우는데, 꼭 외계 생물처럼 보여요. 하지만 이 생물은 꽃이 아니에요. 무척추동물인 멍게의 한 종으로 물을 빨아들여 영양분을 걸러 먹는답니다. 30센티미터쯤 되는 줄기가 투명해 보여서 유리튤립이라는 이름이 붙었어요.

7. 남극깃별나리
Promachocrinus kerguelensis

자주색을 띤 남극깃별나리는 해빙 밑을 포함하여 남극해 어디에서나 살아요. 불가사리와 해삼의 친척인 극피동물°인데, 깃털 같은 팔을 써서 곁에 떠가는 플랑크톤을 잡아먹어요. 포식자에게 팔이 하나쯤 먹히거나 다치더라도 괜찮아요. 다시 자라니까요.

○ **극피동물**: 바다 생물의 한 종류. 몸이 대칭형이고 피부에 가시가 나 있다. 불가사리, 성게, 해삼 등이 있다.

8. 범고래
Orcinus orca

흑백 무늬 때문에 꼭 바닷속 판다처럼 보이지만, 돌고래의 친척인 이 해양 포유류는 대나무를 먹는 온순한 판다와는 전혀 달라요. 범고래는 아주 영리하고 공격적인 사냥꾼으로, '킬러 고래'라는 별명으로도 불려요. 물범이나 물개 등 다른 해양 포유류를 사냥해 먹고, 물고기도 먹어요.

9. 남극이빨고기
Dissostichus mawsoni

남극이빨고기는 상어처럼 위턱에 날카로운 이빨이 두 줄로 나서 이런 이름이 붙었어요. 몸길이가 1.7미터까지 자라는데, 작은 물고기나 새우를 닥치는 대로 잡아먹어서 찬 바다에서 살아남아요. 이 물고기의 몸에서는 몸이 얼어붙는 것을 방지하는 부동액 같은 물질이 생성되어 차디찬 물에서도 살 수 있어요.

10. 마카로니펭귄
Eudyptes chrysolophus

노란색 깃털 같은 볏을 자랑하는 마카로니펭귄은 물속에서 시력이 아주 좋아요. 하지만 뭐니뭐니 해도 이 펭귄의 제일가는 특징은 엄청나게 많은 수가 함께 모여서 지낸다는 거예요. 키가 70센티미터 남짓인 마카로니펭귄은 무려 250만 마리가 하나의 군락을 이루곤 하지요. 250만이라면 서울 인구의 4분의 1에 맞먹는 수랍니다.

빠르게 더워지는 남극해

남극해는 지구의 다른 바다들보다 두 배가량 빠른 속도로 더워지고 있어요. 더워진 바닷물이 남극 대륙에 찰싹찰싹 부딪히니, 육지의 얼음인 빙하도 빠른 속도로 녹고 있지요. 남극은 인간이 살기에 알맞지 않은 지역이고 여행자도 많지 않지만, 빙하를 녹게 만드는 장본인은 인간이에요. 과학자들은 화석 연료에서 나오는 온실가스, 그리고 대기의 오존층 파괴가 남극해의 수온을 높이는 주된 원인이라고 생각해요.

물에 잠긴 땅 사프팅허

사프팅허는 프랑스, 벨기에, 네덜란드를 거쳐 흐르는 스헬더강의 민물과 북해의 짠물이 섞이는 강어귀 저지대예요. 이처럼 바닷물이 드나드는 습지를 염습지라고 불러요. 중세에 이곳은 유럽에서 손꼽히게 풍요로운 농업 지대였지만, 지금은 그 모습을 전혀 찾을 수 없지요.

1200년대에 이 지역을 다스리던 홀란트-플랑드르 군주들은 이곳에 둑을 쌓아 바닷물을 막고 늪의 물을 빼서 사프팅허를 뭍으로 만들었어요. 이처럼 바다를 막아 땅으로 만든 곳을 '간척지'라고 하는데, 이곳에서는 '폴더'라고 하지요. 토탄이 풍부한 이 땅은 비옥했어요. 사람들이 농사도 짓고 토탄도 캐면서 마을이 형성되어, 200년간 마을이 번성했지요.

1570년 11월 1일 만성절, 이곳에 살던 사람들에게 재난이 닥쳤어요. 큰 폭풍이 몰아쳐 둑이 터지는 바람에 마을이 바닷물에 잠긴 거예요. 이 홍수로 주민 2만 명이 죽었어요. 사프팅허가 바다로부터 안전한 곳이 아니라는 것을 깨닫고 사

람들이 떠나면서 간척지는 차츰 예전 모습으로 돌아가기 시작했어요.

오늘날의 사프팅허는 약 35제곱킬로미터의 땅에서 여러 생물들이 평온하게 살아가는 장소예요. 군데군데 자란 갈대가 흙을 붙잡아 침식을 막고, 새와 곤충에게 서식지를 제공해요. 괴혈병풀은 희고 부드러운 꽃을 피우고, 갯질경이는 보라 폭죽 같은 꽃을 터뜨려요. 매자기는 중세에 유럽 전사들이 무기로 지녔던 도리깨 같은 황갈색 꽃을 살랑거려요. 무성한 갈대와 덤불은 날개 달린 거주자들에게 멋진 집이 되지요. 새파란 가슴에 주홍색 깃털이 아름다운 흰눈썹울새 수컷이 매자기 줄기에 앉아서 쉬어요. 이 새는 곤충을 잡아먹는데, 이곳에는 희귀한 곤충도 더러 살고 있어요. 갯개미취꿀벌은 이름처럼 보라색 갯개미취 꽃의 꽃가루를 먹으러 이곳에 와요. 요즘은 기후 변화로 해수면이 높아지는 추세라, 이 꿀벌이 집 지을 장소가 점점 줄고 있어요. 그래서 사람들이 꿀벌의 집이 될 만한 구조물을 대신 만들어 주기도 해요.

사프팅허의 땅속에서 살아가는 생물들도 있어요. 땅 위에 돌멩이가 박혀 있고 땅속에 식물 뿌리가 엉켜 있는 점토질 모래톱에서는 연체동물들이 굴을 파고들어가요. 우럭조개와 흰석공조개가 그렇게 안전하고 아늑하게 살고 있지요. 겉에서는 조개가 보이지 않을 수도 있어요. 하지만 우럭조개는 굴이 갑갑해지면 숨 쉴 공간을 마련하기 위해서 흙 위로 물을 찍 뱉어 낸다고 해요.

사프팅허의 지느러미 달린 거주자로는 은색의 작은 사냥꾼 얇은입술숭어가 있고, 얇은입술숭어가 잡아먹는 망둑어도 있어요.

1. 흰석공조개
바르네아 칸디다 *Barnea candida*

껍데기 가장자리가 날카로운 흰석공조개는 땅을 파는 재주가 뛰어나요. 네 개의 특수한 근육으로 껍데기를 도끼처럼 써서 점토, 토탄,° 무른 바위를 파고들어요. 겁이 많아 쉽게 놀라는데, 그때마다 껍데기 속으로 쏙 숨지만, 이 조개의 껍데기는 꽉 닫히지 않기 때문에 몸통을 완벽하게 지키지는 못한답니다.

○ 토탄: 식물이 오랫동안 땅에 묻혀 생성된 물질. 더 오래되면 석탄으로 변한다. 과거에는 토탄을 캐 연료로 썼다.

2. 망둑어
포마토스키스투스 미크롭스 *Pomatoschistus microps*

암컷 망둑어는 노래를 잘 부르는 수컷을 좋아해요. 이 작은 물고기는 습지 바닥에서 살면서, 마치 고양이가 가르랑거리는 것 같은 소리를 내어 짝을 불러요. 암컷이 안전한 장소에 알을 낳으면, 수컷이 그곳에 머물면서 알들이 부화할 때까지 돌봐요.

3. 얇은입술숭어
켈론 라마다 *Chelon ramada*

은회색의 얇은입술숭어는 바다에서 태어나요. 어미가 바다에서 알을 낳거든요. 다 자란 물고기는 하구로 올라와 떼를 지어 염습지, 바다가 막혀 생긴 호수인 석호, 강을 돌아다녀요. 육지와 가까운 물에서 이동하는 습성이 있기 때문에, 인간이 해안에서 발생시키는 오염에 취약해요.

4. 갯질경이
리모니움 불가레 *Limonium vulgare*

염습지에 널리 퍼져 자라는 갯질경이가 꽃을 피우면, 드넓은 습지가 온통 연보랏빛으로 물들어요. 꽃을 피우는 다른 풀들에 비해, 갯질경이는 아주 튼튼해요. 매우 건조한 곳이나 매우 습한 곳에서도 살아남고, 염도가 높은 물에서도 살아남죠. 그래서 염습지에 어떤 물이 밀려들든 버틸 수 있답니다.

염습지에서 사는 생물종

> ### 빙하기의 자취 덱잔트
>
> 사프팅허의 땅은 주로 과거 수천 년 동안 식물이 분해되어 만들어진 토탄으로 이뤄져 있어요. 하지만 그 토탄층 밑에는 그보다 더 오래된 모래층이 있어요. '덱잔트'라고 불리는 모래층은 마지막 빙하기 때 이곳에 펼쳐져 있던 모래 언덕의 자취랍니다.

5. 갯개미취꿀벌
콜레테스 할로필루스
Colletes halophilus

꿀벌 중에서도 희귀한 종인 갯개미취꿀벌은 습지에 핀 꽃에서 꽃가루를 채집해 먹어요. 단독 생활을 하는 종이라서 건조한 모래땅에 각자 '둥지'를 파는데, 가끔 수컷은 여러 마리가 한 둥지에서 함께 살기도 해요.

6. 매자기
볼보스코이누스 마리티무스
Bolboschoenus maritimus

매자기는 염습지에 널리 자라요. 여름에는 잎 사이로 꽃줄기가 높게 솟아올라 눈에 잘 띄지요. 꽃줄기 끝에는 작은 솔방울 같은 갈색 꽃이 피어요. 새들이 앉아서 쉬기에 딱 알맞은 장소예요.

7. 우럭조개
미아 아레나리아 *Mya arenaria*

우럭조개는 껍데기가 얇아서 물 밖에서는 살 수 없어요. 염습지의 진흙 바닥에 굴을 파고들지요. 바닷물이 빠지면, 몸을 조이는 진흙의 압력을 낮추기 위해 공중으로 높이 물을 뿜어 올려요. 맛이 좋아 서양에서는 스티머(쪄 먹는 조개)로도 불리죠.

8. 흰눈썹울새
루스키니아 수에키카
Luscinia svecica

새파란색과 주홍색 깃털이 동그랗게 난 가슴, 빨간색 깃털이 난 꼬리 덕분에 흰눈썹울새가 나는 모습은 정말 아름다워요. 하지만 이 새는 주로 염습지의 키 큰 풀 속에 숨은 채, 쨱째액 쨱째액 하는 노래로 친구들을 불러요.

침수의 역사

과거 수백 년 동안, 사프팅허에는 인구가 많은 마을이 자리 잡고 있었어요. 하지만 1500년대 말 대홍수에서 마을이 가까스로 살아남은 뒤, 네덜란드 병사들이 적군을 막기 위해 마지막으로 남아 있던 제방마저 무너뜨렸어요. 오늘날 이 질척한 염습지에서는 옛 정착지의 흔적을 거의 찾아볼 수 없어요.

바이칼호

하늘에서 바이칼호를 보면 아시아 대륙 가운데에 뜬 은색 초승달 같아요. 바이칼호는 세계에서 가장 깊은 호수, 가장 부피가 큰 호수예요. 면적은 남한 면적의 약 3분의 1인 3만 1,722제곱킬로미터로 세계에서 7번째로 넓은 호수예요.

'시베리아의 진주'라고도 불리는 바이칼호는 제일 깊은 곳의 수심이 1,642미터로, 그 속에 담긴 물의 양은 북아메리카의 오대호를 다 합한 것보다 많아요. 과학자들은 약 2,500만 년 전에 대륙이 갈라지며 생겨난 바이칼호가 지구에서 가장 오래된 호수들 중 하나라고 생각해요.

그처럼 오래된 데다가 다른 호수나 바다와 멀찍이 떨어져 있기 때문에, 이곳에는 참으로 특별한 생태계가 형성되었어요. 그래서 가끔 '러시아의 갈라파고스 제도'라고도 불리죠. 차가운 물속에는 전 세계를 통틀어 이곳에만 있는 유령 같은 기름고기와 초록색 해면이 살아요. 환형동물의 한 종류인 작은

벌레가 해면에 몸을 붙이고, 말미잘 촉수처럼 생긴 팔들을 나부껴요.
　가재와 딱정벌레를 합한 것처럼 생긴 갑각류의 한 종류, 단각류가 350종이 넘게 산다는 점도 독특해요. 그중 대표적인 종이 옆새우예요. 호수에는 물고기도 많이 살아요. 그중에서도 사람들의 입에 제일 많이 오르내리고 제일 귀하게 여겨지는 종이라면 누가 뭐래도 시베리아철갑상어와 오물이지요. 철갑상어의 알은 러시아 사람들에게 가장 훌륭한 캐비어로 팔린답니다.
　호수 표면의 생태계도 경이로워요. 솔숲이 우거진 언덕, 낮은 산, 북극에 가까운 지역의 벌판인 툰드라가 호수를 둘러싸고 있어요. 호숫가 바위에는 민물에서 사는 유일한 물범인 바이칼물범들이 옹기종기 모여서 일광욕을 해요. 하지만 이곳에도 문제가 하나 둘 생겨나고 있어요. 끈적거리는 녹색 그물처럼 호수 전체를 두껍게 덮는 유해 녹조류가 갈수록 골칫거리가 되고 있어요. 호숫가의 산업 시설이 일으키는 오염도 문제이지만, 그보다 더 중대한 원인은 기후 변화예요. 과학자들은 1979년 이래 이곳에서 녹조류 발생이 300퍼센트나 증가한 것은 기온이 높아진 것과 연관성이 있다고 해요. 기후가 점점 더워지면 호수가 점점 덜 얼게 되고, 물이 더 많아지고, 수온도 더 높아질 거예요. 이 오래된 생태계를 지키기 위해서는 당장 우리가 나서야 해요.

1. 옆새우
에우림노감마루스 베루코수스
Eulimnogammarus verrucosus

옆새우는 바이칼호에 350종이 넘게 살고 있는 단각류의 한 종이에요. 새우와 비슷하게 생겼지만 몸이 옆으로 납작하다고 해서 옆새우라는 이름이 붙었어요. 과학자들에 따르면, 단각류의 피에 해당하는 '혈림프'에는 천연 치료제 효능이 있을지도 몰라요.

2. 바이칼물범
푸사 시비리카
Pusa sibirica

전 세계 물범 중 민물에서만 사는 종은 바이칼물범뿐이에요. 이 털북숭이 포유류는 겨울에 호수가 얼면 얼음에 구멍을 뚫어서 물속에서 숨 쉴 곳을 마련해 두어요. 날카로운 발톱과 이빨, 강력한 지느러미 뒷발을 써서 봄까지 그 구멍을 계속 열어 두지요.

3. 바이칼해면
루보미르스키아 바이칼렌시스
Lubomirskia baikalensis

민물 해면의 한 종류인 이 해면은 차가운 물속에서 아스파라거스 같은 줄기를 길러 내요. 게다가 색깔도 아스파라거스처럼 초록색이에요. 해면의 겉에 붙어서 성장을 돕는 녹조류 때문이에요.

4. 환형동물
마나이웅키아 바이칼렌시스
Manayunkia baicalensis

갯지렁이의 한 종류인 이 종은 호수 바닥에서 살아요. 모래, 돌멩이, 점토를 써서 제 몸 주위에 단단한 관을 만들죠. 그 관의 한끝에서 왕관처럼 뻗어 나와 나부끼는 촉수는 이 동물이 숨 쉬는 걸 도와주어요.

5. 시베리아철갑상어
아키펜세르 바이리이 바이칼렌시스
Acipenser baerii baicalensis

커다란 시베리아철갑상어는 수명이 길어요. 수컷이 열다섯 살, 암컷은 스무 살이 되어야 번식할 수 있지요. 20세기 초에는 사람들의 남획으로 큰 위기를 맞았지만, 이후 다행히 수가 늘었어요. 시베리아철갑상어를 잡는 건 이제 금지되었지만, 이 물고기가 알을 낳는 호숫가가 오염된 탓에 개체 수 회복이 더뎌요.

고인 민물에서 사는 생물종

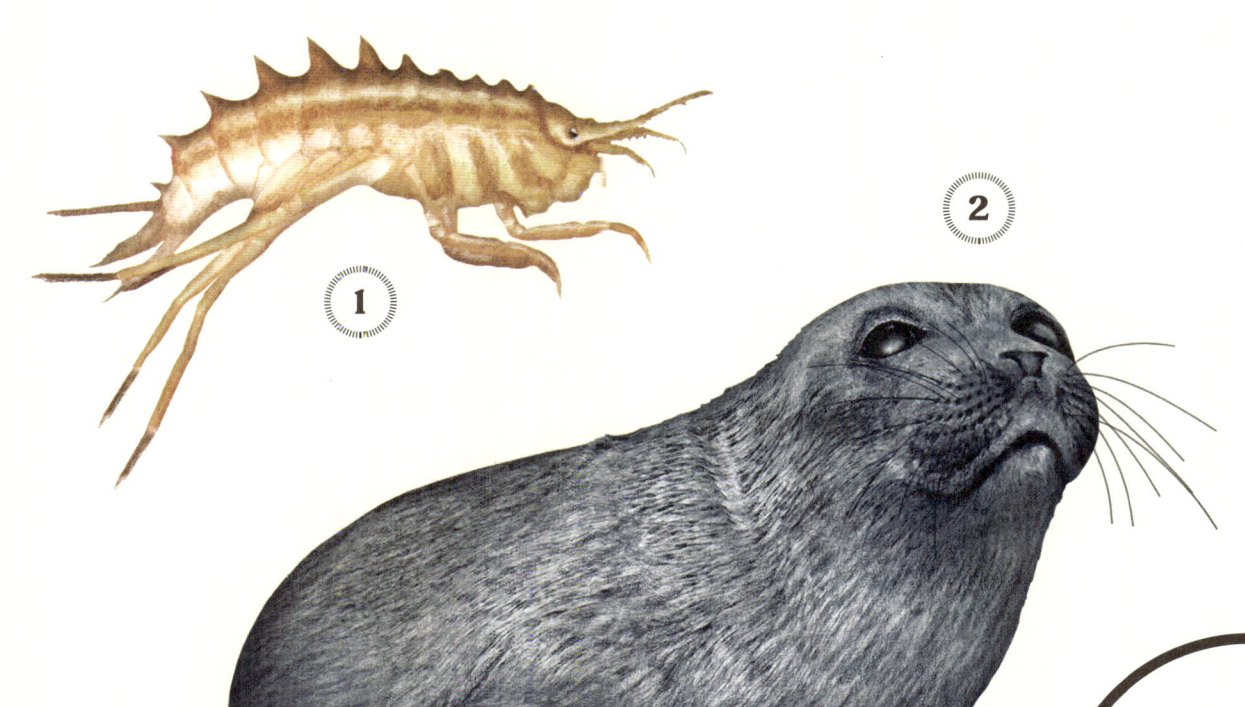

바이칼물범의 위기

바이칼물범과 가장 가까운 친척은 북극해에 사는 고리무늬물범이에요. 1만 2,000킬로미터 넘게 떨어진 이들 사이에는 산맥과 툰드라가 가로놓여 있지요. 하지만 세계 유일의 민물 물범인 바이칼물범도 친척과 비슷한 위험에 처해 있어요. 바로 인간들의 밀렵이에요. 물론 이 종을 보호하려 애쓰는 사람들도 있어요. 러시아 정부도 바이칼물범 사냥을 철저히 금지하지만, 여전히 불법 밀렵이 벌어져요.

6. 바이칼검은살기
티말루스 바이칼렌시스
Thymallus baicalensis

바이칼검은살기는 호숫가나 만에서 살며 곤충을 잡아먹어요. 이 물고기는 연어의 친척인데, 물 위로 50센티미터씩 점프해 공중에서 날아다니는 곤충을 사냥하지요. 수질이 나쁘면 견디지 못하는, 기후 변화에 유난히 민감한 종이에요.

7. 오물
코레고누스 미그라토리우스
Coregonus migratorius

오물은 차고 맑고 깊은 바이칼호에서만 사는 연어과 물고기예요. 매년 9월과 10월에 바이칼호 주변의 강으로 거슬러 올라가서 알을 낳아요. 이 물고기는 선사 시대부터 그렇게 이동하면서 살았어요. 과학자들은 오물이 약 2만 년 전에 북극해를 떠나서 내륙의 호수로 들어왔다고 생각해요.

8. 바이칼기름고기
코메포루스 바이칼렌시스
Comephorus baicalensis

이 물고기는 깊은 호수에서 살아가도록 적응해, 수심 1킬로미터 넘게 내려갈 수 있어요. 부레가 없고, 잠자리 날개 같은 큰 가슴지느러미가 있어서, 수압이 높은 곳에서도 잘 헤엄쳐요. 예전에 시베리아 원주민들이 이 고기의 기름으로 등불을 밝혀서 바이칼기름고기라고 했지요.

9. 해캄
스피로기라 *Spirogyra*

해캄은 민물 녹조류인데, 2010년대 초부터 바이칼호의 얕은 물로 퍼진 외래 침입종이에요. 이 녹조류는 따뜻한 날씨를 좋아해서 추운 계절에는 보통 죽어요. 하지만 요즘은 기후 변화와 수질 오염 탓에 이 녹조류가 더 오래, 더 널리 퍼지는 실정이에요.

가장 오래된 호수

약 2,500만 년 전에 생겨난 바이칼호는 세계에서 가장 오래된 호수예요. 가장 깊은 호수이기도 해요. 이 호수가 유라시아 대륙이 갈라진 열곡에서 생겨났기 때문이에요. 열곡은 대륙이 갈라져 파인 깊은 골짜기인데, 매년 약 3센티미터씩 넓어지고 있기 때문에, 바이칼호도 계속 조금씩 더 넓어지고 깊어질 거예요.

아마존강

거대한 아마존강은 커다란 갈색 뱀처럼 6,840킬로미터를 구불구불 흘러 남아메리카 대륙을 가로질러요.

강은 페루 중부에서 시작해 안데스산맥 동쪽의 만타로강과 합쳐진 뒤, 브라질 북동 해안에서 대서양으로 빠져나가요. 북아프리카의 나일강 다음가는, 세계에서 두 번째로 긴 강이에요. 이 강은 아마존 우림의 핏줄이나 다름없어요. 지구 최대 우림인 아마존 우림은 3천만 명의 사람들, 그리고 지구의 전체 동물종 중 열에 하나의 고향이지요.

아마존강과 기슭에는 초록과 생명이 가득해요. 맹그로브 나무들은 뿌리로 탄탄한 광주리를 엮고, 빽빽하게 잎을 길러 그 속에서 알록달록한 금강앵무들이 편안하게 쉬어요. 아마존의 파충류는 마치 고대의 생물들 같아요. 육중한 검은카이만악어와 마타마타거북은 긴 목을 쭉 빼고 앉아서, 아무것도 모르는 먹잇감이 다가오기를 기다려요. 그린아나콘다는 길이 8미터의 몸으로 사슴이나 다른 대형 동물을 언제든 감아 조를 태세로 물속을 헤엄쳐 다녀요. 포유류도 딴 시대에서 온 것만 같아요. 큰수달은 가족 단위로 무리 지어 다니면서 강기슭에 집을 지어요.

식물도 거대하답니다. 빅토리아수련의 널찍한 잎은 아이 두어 명이 올라가 앉아도 될 만큼 커다래요.

지느러미 달린 동물도 하나같이 거대해요. 사람 어른만 한 피라루쿠는 갑옷을 두른 미사일처럼 거친 물살을 헤치며 헤엄쳐요. 길이가 약 45센티미터까지 자라는 까만 거머리는 들러붙어 피를 빨 대상이 나타나기를 기다리지요. 몸집이 크지 않은 생물들은 때로 모여서 힘을 발휘하거나 특수한 무기를 써요. 붉은배피라냐는 엄청나게 많은 수가 한데 몰려다니면서 무시무시한 기세로 먹이를 뜯어 먹고, 전기뱀장어는 진짜로 전류를 흘려서 먹잇감을 기절시켜요.

하지만 이 경이롭고 오래된 정글은 지구에서 가장 심각한 위기에 처한 생태계예요. 많은 사람들이 노다지를 꿈꾸며 이곳으로 와서 거대한 진공청소기로 강바닥을 휘저어 금을 찾는데, 그 과정에서 유독 물질인 수은을 사용하고는 그냥 강에 내버려요. 동물들이 북적거리는 소리에 더해, 요즘은 벌목꾼들의 전기톱 소리가 울려 퍼져요. 콩을 재배하거나 고기용 소를 기를 땅을 원하는 목축업자들이 일부러 불을 질러서 생명력 넘치는 정글을 잿더미로 만들기도 하지요. 이것은 중대한 위기예요. 만약 우리가 아마존 우림을 보전하지 못한다면, 지구 온난화를 막기가 거의 불가능할 거예요. 다행히 아마존에서 사는 원주민 부족들과 환경 운동가들이 손을 맞잡고 이곳을 보호하고자 애쓰고 있어요.

1. 그린아나콘다
에우넥테스 무리누스
Eunectes murinus

이 뱀은 길이가 8미터까지 자라고, 사슴처럼 큰 먹이도 사냥할 수 있어요. 아마존에서 사는 뱀들 중에는 독으로 먹이를 잡는 뱀도 있지만, 이 뱀은 독이 없어요. 이 거대한 올리브색 뱀은 강력한 근육질 몸통으로 먹이를 친친 감아 졸라 줄인 뒤, 씹지 않고 통째로 꿀꺽 삼켜요.

2. 전기뱀장어
엘렉트로포루스 엘렉트리쿠스
Electrophorus electricus

전기뱀장어는 전류를 생산하는 기관을 세 쌍 갖고 있어요. 그중 약한 전류를 내는 한 쌍은 먹잇감의 위치를 파악하는 데 쓰여요. 알맞은 물고기를 발견하면, 전기뱀장어는 훨씬 더 강한 전류를 내어 먹이를 꼼짝 못 하게 만든 뒤 냉큼 덮쳤어요. 뱀장어처럼 생겼지만, 뱀장어목이 아니라 뒷날개고기목에 속하는 물고기예요.

3. 큰거머리
하이멘테리아 그힐리아니이
Haementeria ghilianii

큰거머리는 이름에 걸맞게 45센티미터까지 자라요. 거머리는 보통 숙주의 피부를 빨아서 표면으로 올라오는 피를 빨지만, 이 거머리는 최대 10센티미터까지 늘어나는 대롱 모양의 주둥이를 숙주에게 박아서 살속 깊은 곳으로부터 피를 빨아요.

4. 큰수달
프테로누라 브라실리엔시스
Pteronura brasiliensis

몸길이가 1미터 넘게 자라는 큰수달은 최대 여덟 마리까지 가족 단위로 무리 지어 생활해요. 큰수달과 그 친척 종들은 아늑한 집을 좋아하지요. 쉴 곳으로 알맞은 장소를 발견하면, 그곳의 작은 나무와 풀을 자근자근 밟아 땅을 고르고 아담한 둥지를 짓는답니다.

5. 마타마타거북
켈루스 핌브리아타
Chelus fimbriata

민물 거북인 마타마타의 독특한 삼각형 머리는 마치 강에 떨어진 나뭇잎처럼 보여요. 먹잇감이나 적에게 들키지 않도록 위장하기에 안성맞춤이죠. 먹잇감이 보이면 마타마타는 긴 목을 물 위로 잽싸게 내밀며 입을 최대한 쫙 벌려요. 공기가 빨려 들며 먹이도 함께 거북의 강한 턱으로 끌려들지요.

흐르는 민물에서 사는 생물종

6. 빅토리아수련
빅토리아 아마조니카
Victoria amazonica

이런 식물은 좀처럼 보기 힘들죠. 빅토리아수련의 거인 같은 잎은 폭이 3미터까지 자란답니다. 물속에 선 줄기는 물 위에 뜬 잎보다 더 길어서, 무려 8미터나 될 때도 있어요. 꽃도 얼마나 거대한지, 활짝 피는 데 이틀이 걸려요. 첫날은 흰색이었다가 둘째 날에는 분홍색으로 피어나요.

7. 피라루쿠
아라파이마 기가스
Arapaima gigas

전 세계 민물고기 중 가장 큰 몸집을 자랑하는 피라루쿠는 사람 어른만 해요. 이 물고기는 물에 산소가 부족하다 싶으면 수면으로 올라와서 공기를 마셔요. '골설어류'라는 묵직한 열대 민물고기의 한 종류인데, '골설'이란 혀에 이빨이 난다는 뜻이랍니다.

8. 파야라
히드롤리쿠스 아르마투스
Hydrolycus armatus

은색 물고기인 파야라는 몸길이가 1미터까지 자라요. 가장 큰 특징은 아래턱에 난 한 쌍의 큼직한 송곳니인데, 이 물고기는 그것으로 먹이를 꿰지요. 그 특이한 이빨로 피라냐 같은 무시무시한 먹잇감을 사냥하기 때문에, 이 물고기에게는 '뱀파이어피시'라는 별명이 붙어 있어요.

9. 붉은배피라냐
피고켄트루스 나테레리
Pygocentrus nattereri

네 종의 피라냐 중 가장 사나운 종이 바로 이 붉은배피라냐예요. 최대 100마리까지 몰려다니는 이 물고기는 악명 높은 포식자예요. 뾰족한 이빨과 강한 턱으로, 새나 물고기 등 자신보다 훨씬 더 큰 먹이를 갈가리 찢어요. 소문과는 달리, 사람이 이 물고기를 두려워할 필요는 없어요. 사람은 좀처럼 공격하지 않으니까요.

10. 검은카이만악어
멜라노수쿠스 니게르
Melanosuchus niger

남아메리카에 사는 카이만악어의 다른 종들과 가까운 사이이지만, 이 종은 몸길이가 6미터 넘게 자란다는 점에서 북아메리카의 미시시피악어를 더 닮았어요. 이 악어는 아마존에서 덩치가 가장 큰 포식자랍니다. 주로 물고기와 연체동물을 먹지만, 사람을 공격한 적도 있다고 해요.

세계에서 가장 넓은 유역

전 세계의 강에 흐르는 민물 중 약 20퍼센트, 달리 말해 5분의 1이 아마존강을 거쳐서 바다로 흘러가요. 아마존강으로 물을 흘려보내는 유역의 넓이는 약 700만 제곱킬로미터로, 세계에서 가장 넓은 유역이에요. 우기에는 강의 수면이 9미터 이상 높아져요. 강물이 땅 위로 흘러넘치고, 평소보다 세 배나 넓은 영역이 물에 잠기지요.

노퍽브로즈

노퍽브로즈는 영국 잉글랜드 지방의 이상적인 시골 풍경을 대표하는 곳이에요. 갈대 다발 사이로 넓고 좁은 강물이 구불구불 흘러요. 찰랑거리는 물결을 가만히 굽어보며 풍차가 서 있지요. 잔잔한 호숫가에는 초가지붕을 인 오두막이 있어요. 이곳에서는 이런 호수를 '브로드'라고 불러요.

영국 동해안에 303제곱킬로미터 넓이로 펼쳐진 이 습지는 오래전부터 인간과 자연이 만나는 곳이었어요. 일찍이 1100년대부터 사람들은 노퍽브로즈 근처의 숲을 베고 이곳에 묻힌 토탄을 캤어요. 토탄 채굴은 약 200년간 아주 중요한 산업이었지만, 1500년대부터는 급속히 시들었어요. 자연적인 이유도 있었지만, 흑사병이 발생해 사람이 많이 죽는 바람에 일손이

1. 열수공물고기
테르마르케스 케르베루스
Thermarces cerberus

캄캄한 열수 분출공(열수공) 주변을 헤엄치는 이 물고기는 꼭 칙칙한 분홍색의 긴 잎사귀처럼 보여요. 이 물고기는 이곳 생태계에서 중요한 포식자예요. 관벌레에 들러붙은 갈라파고스삿갓조개를 떼어 먹어 어린 관벌레가 자라날 공간을 마련해 주지요.

2. 열수공게
비토그라이아 테르미드론
Bythograea thermydron

이 게는 세상에서 가장 깊은 곳에서 사는 게들 중 한 종이에요. 이 작은 갑각류의 눈은 열수공에서 나오는 희미한 빛을 잘 포착하도록 적응되어 있어요. 이 게는 '카로틴 색소'를 만들어 내는 세균을 먹는데, 당근과 토마토에 든 화합물인 그 색소 때문에 이 게의 알은 붉은색이에요.

3. 심해대합
칼립토게나 마그니피카
Calyptogena magnifica

심해대합은 열수공 근처의 조용하고 컴컴한 환경에서 25년 넘게 살아요. 다른 조개들처럼 물에 떠다니는 영양분을 먹고 사는데, 특히 열수공이 뿜어낸 질소와 지방산 화합물을 먹어요. 이 조개를 야생에서 관찰하기가 어렵기 때문에, 우리가 이 종에 대해서 아는 바는 이 정도뿐이에요.

4. 관벌레
리프티아 파킵틸라
Riftia pachyptila

깊은 물속에서 키가 3미터 넘게 자라는 이 벌레는 입도 내장도 없어요. 대신 '영양체부'라는 특수한 장기가 있고, 그 속에 바닷속 화합물을 이용해서 영양분을 만들어 내는 세균들을 저장해 두어요. 세균이 생산하는 영양분을 관벌레가 먹고 사는 거지요.

열수 분출공에서 사는 생물종

화학 물질을 뿜는 굴뚝

심해 열곡의 굴뚝들은 '황화수소'라는 유독 화합물을 내뿜어요. 대부분의 동물들에게 황화수소는 해로운 물질이지만, 열수 분출공 근처에 사는 세균들에게는 그렇지 않아요. 이들은 오히려 황화수소를 먹고 살지요. 그러고는 이 세균들이 이곳 극한의 환경에서 살아가는 벌레, 게, 조개의 먹이가 되어요.

것을 발견했어요. 그렇다면 열수 분출공에서 나온 물은 왜 끓지 않는 걸까요? 압력 때문이에요. 수심 10미터만 내려가도, 우리가 느끼는 압력은 땅에서 느끼는 대기압의 두 배로 높아져요. 따라서 수심 2,500미터에 있는 열수 분출공 주변의 압력은 약 250기압일 텐데, 이는 사람은 당장 짜부라지고 말 압력이에요. 하지만 어떤 생물들은 엄청나게 뜨거운 그 바닷속 굴뚝 주변에서 잘만 살아요. 열수 분출공에서 뿜어져 나오는 화합물과 미네랄이 햇빛을 대신해 먹이 사슬의 바탕을 이루는 식물에게 영양분이 되어 주지요. 세균도 마치 폭신한 깔개처럼 바글바글 붙어 자라요. 그 세균들은 열수 분출공 밑부분에서 단단한 껍데기를 두른 튤립처럼 자라난 관벌레들에게 먹이가 되어 주고요. 열수 분출공이 보글보글 뱉어 내는 질소를 먹이로 삼는 심해대합이 있는가 하면, 그 조개의 부드러운 살을 좋아하는 작은 게들도 있어요.

이 외딴 생태계에 대한 연구를 진행할수록, 점점 더 놀라운 사실을 발견하고 있어요. 2018년에 과학자들은 상어의 친척인데 가오리처럼 생긴 물고기인 심해홍어가 열수 분출공의 온기를 빌려 알을 부화시킨다는 걸 알아냈어요. 열수 분출공은 다른 행성의 생명이 어떤 모습일지 추측할 수 있게 해 줘요. 이토록 혹독한 환경에서도 생명이 사는 걸 보면, 다른 행성의 극단적인 조건에서도 살 수 있을지 모르잖아요. 심해 열곡이 외계 생물 연구에 도움이 되냐고요? 맞아요!

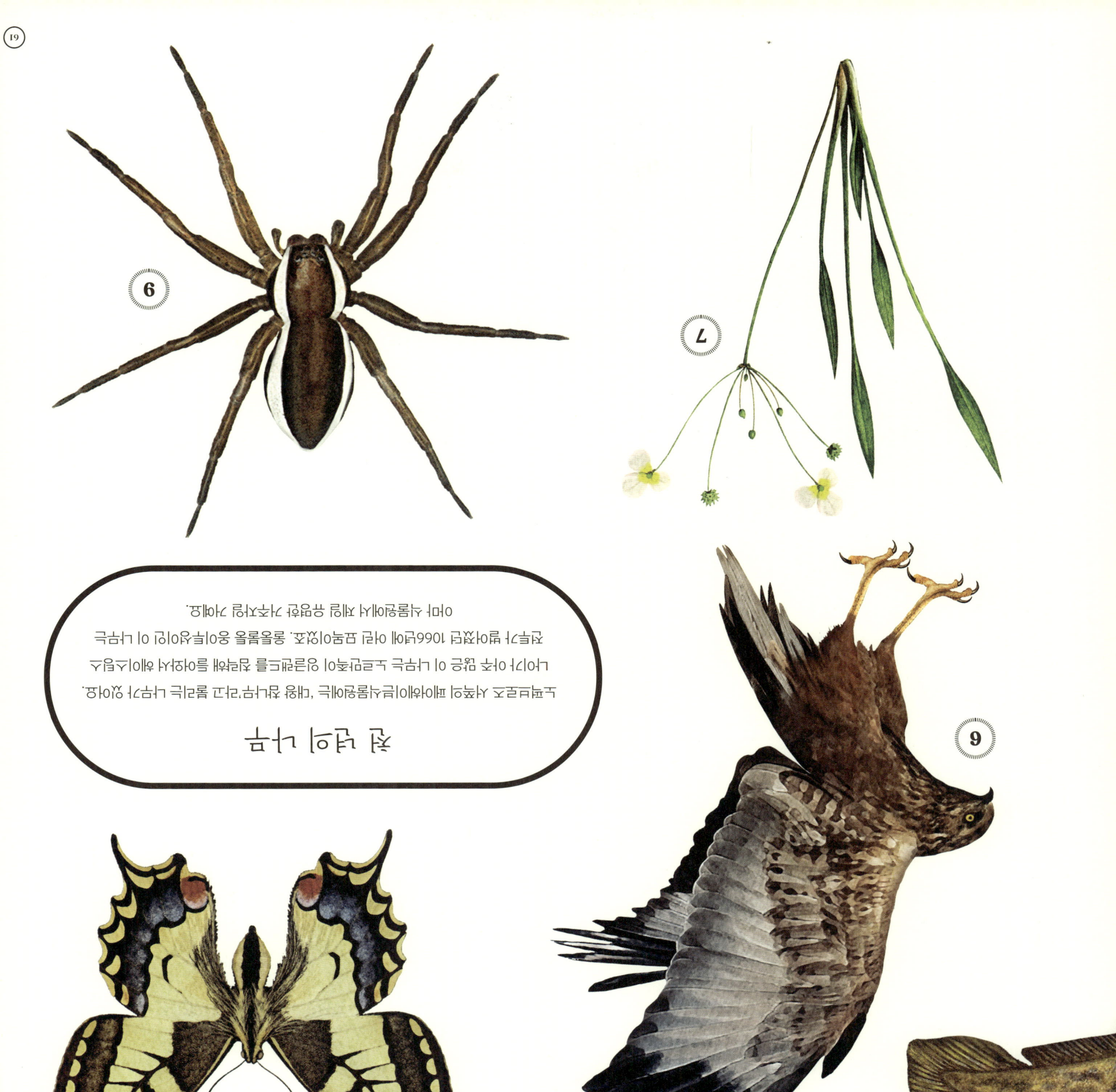

멸종의 기로

원래부터 사냥이 파에어슬란드에서는 놀라운 일이 아니었지만, 18세기에 이르자 나라는 이 종의 주요 피신처가 되었어요. 하지만 이 종의 위장 능력과 서식지를 보호하기 위해 한 노력에도 불구하고 1960년대 이후 줄어들기 시작했어요. 이 물총새는 이제 유럽에서 가장 멸종 위기에 처한 새 중 하나예요.

6. 유럽개구리매
Circus aeruginosus

이 멋진 맹금류는 먹이가 풍부한 습지에 살아요. 이는 곧 그들이 20세기 들어 농업이 확장되고 습지가 파괴되면서 서식지를 잃었다는 뜻이에요. 하지만 1980년대부터 다시 수가 늘고 있어요. 유럽에서는 여전히 가장 큰 맹금류 중 하나로 분류됩니다.

7. 잔잎 미나리아재비
Baldellia ranunculoides

잔잎미나리아재비는 얕은 연못과 범람하는 초원의 미나리아재빗과의 작은 꽃을 피워요. 대중 파괴되고 생김새가 비슷한 사촌인 큰미나리아재비에 밀려 더 찾기 어렵지만 주의 깊게 살펴본다면 여전히 찾을 수 있는 식물이에요.

8. 유럽호랑나비
Papilio machaon britannicus

이 나비의 영국 아종은 노퍽 브로즈의 나라이 서식지에 살아요. 해라는 먹이는 유일한 식물인 밀파슬리에 의존하지요. 나비는 과학자들이 더 자세히 연구한 결과, 더 큰 유럽 종과는 다른 아종으로 분류되었어요.

9. 낚시거미
Dolomedes plantarius

낚시거미는 영국 동쪽의 몇몇 습지에서만 찾을 수 있는 큰 종의 거미예요. 이 거미는 물 표면에서 사냥하는데, 주로 물고기 같은 다른 동물들을 먹어요.

심해 밑바닥

깊고 어두운 바닷속에 뜨거운 물이 솟아나는 굴뚝이 있어요. 동해에만 있는 그 굴뚝은 에베레스트 산보다도 더 높은 수심 400킬로미터 밑바닥 곳곳에 있지요.

이 굴뚝은 뜨거운 물과 함께 바닷속에 사는 생물들이 살아가는 데 필요한 영양분을 만들어 내지요. 수 킬로미터 깊이에서 물이 지진이나 화산 활동으로 뜨거워졌다가, 바닷물 속 사이에 스며들어 2,500미터 바닷속에서 400도가 넘는 열과 함께 솟아나요.

극한 환경에 적응한 특수한 생물들이 이곳에 삽니다. 1977년에 과학자들이 잠수함을 타고 내려가 처음 발견했어요. 깊은 바닷속에 그렇게 많은 생물이 사는 것을 알고 모두 깜짝 놀랐지요.

5. 남색꽃갯지렁이
사벨라스타르테 스펙타빌리스
Sabellastarte spectabilis

이 갯지렁이는 타조 깃털처럼 생긴 술을 보풀보풀 길러 내요. 하지만 이 술은 장식용이 아니랍니다. 이 갯지렁이는 술에 붙어 있는 세균들의 도움을 받아서 열수공이 뿜어낸 메테인을 에너지로 바꿔 내요. 이 갯지렁이는 짝짓기를 할 필요가 없어요. 몸통이 나뉘어 떨어져 나가면 그게 바로 새 개체가 되니까요.

6. 해파리해삼
펠라고투리아 나타트릭스
Pelagothuria natatrix

언뜻 해파리처럼 보이는 이 생물은 바닷속을 하늘하늘 오르내리며, 가끔은 바닥 가까이에도 내려가요. 대개 바닥에서 사는 '저서성' 해삼들과는 달리 유일하게 물속을 떠다니는 '표영성' 해삼이지요. 그래도 열수공 근처의 깊은 곳까지 내려오는 경우는 드물어요.

7. 갈라파고스삿갓조개
네옴팔루스 프레테라이
Neomphalus fretterae

이 작은 고둥은 바다 바닥에서 흔히 볼 수 있는 따개비처럼 생겼어요. 따개비처럼 이 삿갓조개도 주로 다른 생물에게 달라붙어서 사는데, 이 삿갓조개가 달라붙는 곳은 관벌레의 희고 긴 줄기랍니다.

8. 심해문어
그라넬레도네 보레오파키피카
Graneledone boreopacifica

이 문어는 알을 장장 53개월 동안 품어요. 53개월은 우리가 아는 다른 어떤 동물의 부화 기간보다 길지요. 4년이 넘잖아요! 과학자들은 찬 수온 때문에 부화 기간이 긴 것이라고 생각해요. 대부분의 문어처럼, 이 문어도 딱 한 차례 그렇게 알을 낳고 새끼가 태어나면 자신은 죽는답니다.

9. 세균매트
베기아토아 *Beggiatoa*

열수공 근처에서 모여 자라는 이 세균은 두께가 최대 0.5밀리미터에 이르는 깔개 같은 매트를 형성해요. 빛이 없는 심해에서 사는 생물들이 더러 그렇듯이 이 세균은 흰색으로 보이는데, 그것은 이 세균이 세포 속에 황을 저장하기 때문이에요.

다양한 심해 생물

1977년에 갈라파고스열곡에서 열수 분출공을 발견한 것은 생명이 지구의 어느 장소에서 어떻게 살아가는가에 대한 과학자들의 이해를 단숨에 바꿔 놓았어요. 이토록 차갑고, 깊고, 어둡고, 유독 화합물이 뿜어져 나오는 환경에서 사는 생명은 많지 않을 것 같았지만, 놀랍게도 열수공 주변에는 다양한 생물종이 있었어요. 이후 40여 년 동안 과학자들은 다른 지역에서도 심해 열수 분출공을 수백 개 더 찾아냈어요.

티레니아해

티레니아해는 이탈리아반도의 서쪽 바다로 지중해에 속해요. 코르시카섬과 사르데냐섬 등 여러 섬으로 둘러싸여 있는데 깊이는 평균 2킬로미터쯤 되어요.

티레니아해는 수천 년 동안 사람들과 함께했어요. 로마 제국 이전에 이탈리아반도에 있었던 에트루리아 문명을 고대 그리스인이 '티레니아'라고 불렀던 데서 이름을 얻은 이 바다는 수백 년 동안 유럽, 아프리카, 아시아 사람들이 만나는 교역 중심지였어요. 요즘도 비슷해요. 전 세계의 어부, 관광객, 상인이 이곳을 찾아요.

이곳은 아프리카판과 유라시아판이라는 두 지각판이 만나서 서로를 지구 중심을 향해 밀어 넣는 곳이기도 해요. 그래서 바닷속에 화산들이 생겨났어요. 그중 하나인 이탈리아 남부 나폴리 근처의

마르실리 해저 화산은 그 높이가 무려 3,000미터예요. 백두산보다 높아요!

　물속 자연도 다채로워요. 특히 바다 남쪽에는 산호가 많아요. 희한한 사막 관목처럼 생긴 지그재그산호가 있고, 이름과는 달리 흰색으로 보이는 지중해흑산호도 있어요. 산호와 더불어 다른 느릿느릿한 생물들도 살고 있어요. 침곤봉해면은 베이지색 사탕처럼 모래 바닥에서 솟아나 있어요. 온몸에 숭숭 긴 가시가 나서 꼭 지름 10센티미터짜리 초소형 기뢰처럼 보이는 긴침관극성게는 바닥을 기어다니죠.

　이 지역 요리의 주재료인 물고기도 많아요. 은색 새다래와 진회색 임페리얼블랙피시가 떼로 헤엄치고, 단독 생활을 하는 사냥꾼 바라쿠디나는 혼자 돌아다녀요.

　티레니아해를 포함하는 방대한 지중해 전체가 기후 변화의 타격을 심하게 받고 있어요. 지중해는 지구의 다른 지역들보다 20퍼센트 더 빠른 속도로 더워지고 있어요. 그러면 물고기와 산호가 살기가 더 어려워지고, 결국에는 생태계 전체가 혼란에 빠져요. 어부들은 물고기를 양식하거나 줄어드는 개체 수를 지킬 새로운 규칙을 만듦으로써 살아남을 방법을 궁리하는 중이에요. 하지만 우리가 어서 온실가스 배출을 줄이지 않는 한, 지중해는 세계 다른 지역들과 마찬가지로 심각한 변화를 겪게 될 거예요.

1. 석회관갯지렁이
세르풀라 베르미쿨라리스
Serpula vermicularis

이 생물체를 밑에서 본다면, 오래된 흰색 관에 조류가 덮인 게 아닌가 싶을 거예요. 하지만 그 관은 이 갯지렁이가 몸을 보호하기 위해서 방해석과 아라고나이트로 만들어 낸 석회관일 뿐이에요. 관의 반대쪽 끝에는 주황색 머리카락 같은 것이 비어져 나와 있는데, 그곳에서 분비되는 항균성 점액이 갯지렁이를 보호해 줘요.

2. 임페리얼블랙피시
스케도필루스 오발리스
Schedophilus ovalis

지중해의 어부들은 이 물고기의 희고 달콤한 살을 좋아해요. 어린 임페리얼블랙피시는 어디에 숨어야 하는지 잘 알아요. 회색을 띠는 어린 물고기는 작은부레관해파리의 길고 독 있는 촉수들 틈에 머물면서 몸을 지켜요.

3. 바라쿠디나
수디스 히알리나 *Sudis hyalina*

몸길이가 60센티미터 가까이 자라는 바라쿠디나는 꼭 이빨 달린 긴 칼날처럼 민첩하게 움직여요. 뾰족한 톱니 모양 이빨로 다른 물고기를 잡아먹지요. 그런데 바라쿠디나가 꼭 물고기만 무는 건 아니에요. 가끔 물에 잠겨 있던 뱃줄에서 이 물고기의 이빨 자국이 발견되곤 하거든요.

4. 빛금눈돔
베릭스 스플렌덴스 *Beryx splendens*

빛금눈돔은 다홍색 몸 때문에 쉽게 눈에 띄어요. 이 물고기의 커다란 눈에는 일단 눈에 들어온 빛을 다시 한 번 망막으로 반사시켜 증폭하는 구조가 있어서, 낮에 머무르는 심해의 어둠 속에서도 잘 볼 수 있도록 해 줘요. 밤이 되어 포식자로부터 비교적 안전해지면, 이 물고기는 그제야 수면 가까이 올라와요.

심해에서 사는 생물종

독특한 생태계

티레니아해는 수심이 최대 3,785미터로 깊기 때문에, 지중해의 다른 어떤 영역보다도 생명 다양성이 풍부해요. 물이 비교적 얕은 남쪽에는 보기 드문 심해 산호가 거대한 군락을 이루고 있어요. 그리고 이탈리아 대도시인 나폴리 앞바다 만에는 다양한 조개, 산호, 물고기가 살고 있지요.

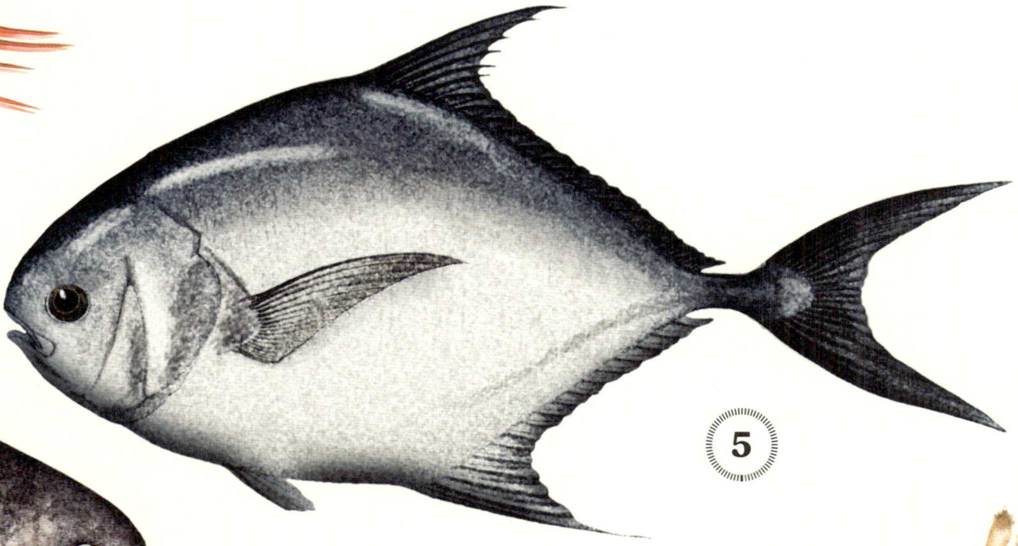

5. 대서양새다래
브라마 브라마 *Brama brama*

새다래는 전 세계에 약 35종이 있어요. 그중 하나인 대서양새다래는 은색 물고기인데, 머리는 뭉툭하고 가슴지느러미는 길다랗지요. 가끔 사람에게 잡아먹히는 이 물고기는 산호 근처에 사는 작은 물고기와 갑각류를 먹어요.

6. 침곤봉해면
스틸로코르딜라 펠리타 *Stylocordyla pellita*

침곤봉해면에게 왜 '막대사탕해면'이라는 별명이 붙었는지는 척 보면 알 수 있어요. 가느다란 자루에 동그란 '머리'가 얹힌 모양새가 꼭 막대 사탕 같으니까요. 하지만 이것이 침곤봉해면의 몸 전체는 아니에요. 자루 밑에서 뿌리처럼 뻗어 나온 가지들이 있어서, 이 생물체가 부드러운 흙바닥에 몸을 고정시키도록 해 주지요.

7. 긴침관극성게
키다리스 키다리스 *Cidaris cidaris*

'연필성게'라고도 불리는 긴침관극성게는 관 모양의 긴 가시들을 써서 몸을 바닥에 붙여요. 이 성게는 조류와 해면 등을 먹는데, 가끔 산호도 먹어요.

8. 지그재그산호
마드레포라 오쿨라타 *Madrepora oculata*

지그재그산호의 희고 꼬불꼬불한 골격은 갑각류와 물고기에게 몸을 숨길 곳이 되어 주어요. 하지만 이 산호는 스스로를 보호하는 것도 잊지 않는답니다. 이 산호는 기생충이 골격을 파고드는 것을 막아 주는 점액을 배출하여 제 몸을 덮어요.

지중해흑산호
파란티파테스 라릭스 *Parantipathes larix*

이 산호는 어부들의 그물에 자주 걸리지만, 야생에서는 좀처럼 눈에 띄지 않아요. 하지만 최근에 과학자들은 원격 조종이 가능한 탐사체를 심해로 내려보내, 깃가지가 난 모양새가 꼭 병 닦는 솔처럼 생긴 이 산호들이 모여서 자란 숲을 두 군데나 찾아냈어요.

찾아보기

ㄱ

가리발디자리돔	23, 25
가지산호	30
갈대	47, 58, 60
갈라파고스삿갓조개	64, 65
갈색날개호반새	17
갯개미취꿀벌	47, 49
갯지렁이	13
갯질경이	47, 48
거대다시마	44
검은무늬가시복	17
검은제비갈매기	20
검은카이만악어	54, 57
관벌레	63, 64, 65
굴두꺼비고기	37
그린아나콘다	54, 56
긴침관극성게	67, 69
긴코가아	21
깃털베도라치	36
꼬마오징어	16

ㄴ

남극깃별나리	43, 45
남극깔따구	44
남극문어	43, 44
남극이빨고기	45
남색꽃갯지렁이	65
노랑부리저어새	13
닐손실고기	12

ㄷ

대서양굴	34, 35, 37
대서양뿔고둥	37
대서양새다래	67, 69
대왕조개	33
대왕쥐가오리	41
독가시치	28
두건물범	21
뒷부리장다리물떼새	12
듀공	27, 29
뗏목거미	59, 61

ㅁ

마카로니펭귄	42, 45
마타마타거북	54, 56
말미잘	31, 32, 51
망둑어	47, 48
매자기	47, 49
맹그로브뱀	16
맹그로브뿔소라	17
모오캐	60
물발쥐	59, 60

ㅂ

바다고둥	13
바다나비	32
바라쿠디나	67, 68
바이칼검은살기	53
바이칼기름고기	50, 53
바이칼물범	51, 52
바이칼해면	50, 51, 52
배리어리프흰동가리	31, 32
백기흉상어	33
백상아리	40
벌거숭이망둑어	36
범고래	39, 44, 45
보라양쥐돔	29
북방코끼리물범	25
북부강거북	17
붉은멍게	28
붉은배피라냐	55, 57
붉은전복	23, 25
붉은퉁돔	16
브림	59, 60
블랙피시	37
블랜딩거북	20
빅토리아수련	55, 57
빛금눈돔	68

ㅅ

사슴뿔산호	30
살파	43, 44
삿갓조개	8, 9
서양물피막이	59, 60
석회관갯지렁이	68
세균매트	63, 65
시베리아철갑상어	51, 52
심해대합	63, 64
심해문어	65
심해홍어	63
쏠배감펭	28

ㅇ

악마불가사리	29, 31, 33
얇은입술숭어	47, 48
엘크혼산호	30
열빙어	19
열수공게	63, 64
열수공물고기	64
영국산호랑나비	59, 61
옆새우	51, 52
오물	51, 53
우럭조개	47, 49
웨들해물범	42, 44
유럽가자미	13
유럽개구리매	59, 61
유리튤립	43, 45
임페리얼블랙피시	67, 68

ㅈ

자야카르해마	29
작은뿔표문쥐치	28
작은입배스	21
작은택사	59, 61
잔물결수정고둥	16
전기뱀장어	55, 56
점박이물범	12
지그재그산호	67, 69
지중해흑산호	67, 69
진주담치	36
짧은뿔꺽정이	13

ㅊ

참다랑어	40
침곤봉해면	67, 69

ㅋ

캘리포니아닭새우	23, 24
캘리포니아해달	23, 25
콜리플라워산호	30, 32
크릴	19, 39, 41, 43
큰가시고기	20
큰거머리	55, 56
큰귀상어	31, 32
큰돌고래	24
큰바다농어	25
큰수달	54, 56
큰양놀래기	29
큰태평양문어	40

ㅌ

태국병정게	17
태평양보라성게	23, 24
털다발풀게	12

ㅍ

파랑비늘돔	31, 33
파야라	57
파이프오르간산호	30
펌프킨시드	20
편형동물	37
폴립	30
푸른갯민숭달팽이	31, 33
푸른바다거북	27, 29
풀새우	36
플랑크톤	6, 9, 30, 33, 39, 41, 44, 45, 60
피낭동물	43, 44
피라루쿠	55, 57

ㅎ

해면	35
해바라기불가사리	23, 24
해캄	53
해파리해삼	65
혹등고래	41
홍연어	41
홍합	8, 13, 17, 36
환형동물	50, 52
황새치	40
흰긴수염고래	18, 39, 41
흰날개해오라기	16
흰눈썹울새	47, 49
흰돌고래	19, 21
흰머리수리	20
흰석공조개	47, 48
흰수염성게	28

자료 출처

동물 다양성 웹(Aminal Divertisy Web)
동물의 자연사, 분포, 분류, 보전생물학에 관련된 자료를 모아 둔 온라인 데이터베이스예요. 미국 미시간대학이 운영해요.

animaldiversity.org

BBC 와일드라이프(BBC Wildlife)
한 번 방영되고 마는 TV 방송과 영원히 남는 책의 장점을 결합하고자 하는 온라인 잡지예요. 지역, 국가, 세계에서 가장 시급한 보전 과제가 무엇인지를 독자들에게 알려 주어요.

discoverwildlife.com

내셔널 지오그래픽(National Geographic)
'내셔널 지오그래픽 협회'는 과학, 탐험, 교육, 그리고 이야기의 힘을 활용하여 지구의 경이로움을 알리고 보호하는 단체예요.

nationalgeographic.co.uk

글쓴이 알렉산더 코프먼(Alexander Kaufman)
<허핑턴포스트>에서 기후 변화, 에너지, 환경 문제를 담당하는 기자예요. 베트남, 그린란드, 브라질 아마존 우림 등을 직접 찾아가서 기사를 썼고, 상도 받았어요. 가족은 다섯 세대 동안 미국 뉴욕시에서 살아왔지요. 파트너인 어맨다, '아시타카'라는 이름의 고양이와 함께 뉴욕시 퀸스에서 살고 있어요.

그린이 마리아나 호드리게스(Mariana Rodrigues)
자연에 실제로 존재하는 생물들뿐 아니라 상상 속 생물들의 이상야릇한 형태를 사랑하고, 그것으로부터 영감을 얻어서 마술적이고 풍요로운 그림을 그리는 일러스트레이터예요. 포르투갈 포르투시에 살면서 그림책과 일러스트레이션 작업을 하고 어도비, 네스프레소, 앱솔루트와도 일하고 있습니다.

옮긴이 김명남
한국과학기술원(KAIST)에서 화학을 전공하고, 서울대 환경대학원에서 환경 정책을 공부했어요. 인터넷 서점에서 일했고, 현재는 과학책을 번역하고 있어요. 옮긴 책으로 《코스모스 - 가능한 세계들》, 《비커밍》, 《명랑한 은둔자》, 《우리는 모두 페미니스트가 되어야 합니다》 등이 있어요. 제55회 한국출판문화상 번역 부문상, 제2회 롯데출판문화상 번역 부문상을 받았습니다.

지구 수족관 전 세계 15곳의 수생 생태계를 찾아서

초판 1쇄 발행 2023년 5월 15일 • 초판 2쇄 발행 2023년 12월 15일
알렉산더 코프먼 글 • 마리아나 호드리게스 그림 • 김명남 옮김
편집 장원정 • 디자인 나은민
펴낸이 권종택 • 펴낸곳 ㈜보림출판사 • 출판등록 제406-2003-049호
주소 10881 경기도 파주시 광인사길 88 • 전화 031-955-3456 • 팩스 031-955-3500
홈페이지 www.borimpress.com • 인스타그램 @borimbook
ISBN 978-89-433-1577-1 77490

Earth's Aquarium © 2021 Magic Cat Publishing Ltd
Text © 2021 Alexander Kaufman
Illustrations © 2021 Mariana Rodrigues
First published in 2021 by Magic Cat Publishing Ltd
All rights reserved.
Korean translation © 2023 Borim Press
Korean translation rights are arranged with Lucky Cat Publishing Limited through AMO Agency Korea.

이 책의 한국어판 저작권은 저작권사와 독점 계약을 맺은 ㈜보림출판사에 있습니다. 이 책은 저작권법에 따라 보호받고 있으므로 이 책 내용의 일부나 전부를 옮겨 싣거나 다시 쓰려면 반드시 저작권자와 출판사 양쪽의 허락을 받아야 합니다.
⚠주의: 책 모서리가 날카로우니 던지거나 떨어뜨리지 않도록 조심하세요(사용 연령 3세 이상).